BIBLIA GĂTITĂRII TRADIȚIONALE DE LA WOK CHINEZ

PESTE 100 DE REȚETE TRADIȚIONALE CHINEZEȘTI PENTRU PRĂJIRE, GĂTIRE LA ABUR, PRĂJIRE ȘI FUMAT CU CEL MAI VERSATIL INSTRUMENT DIN BUCĂTĂRIE

ANASTASIA VASILICĂ

Toate drepturile rezervate.

Disclaimer

Informațiile conținute în această carte electronică sunt menite să servească drept o colecție cuprinzătoare de strategii despre care autorul acestei cărți electronice a făcut cercetări. Rezumatele, strategiile, sfaturile și trucurile sunt recomandate doar de autor, iar citirea acestei cărți electronice nu va garanta că rezultatele cuiva vor oglindi exact rezultatele autorului. Autorul cărții electronice a depus toate eforturile rezonabile pentru a oferi informații actuale și exacte pentru cititorii cărții electronice. Autorul și asociații săi nu vor fi făcuți la răspundere pentru orice eroare sau omisiuni neintenționate care ar putea fi găsite. Materialul din cartea electronică poate include informații de la terți. Materialele terților cuprind opinii exprimate de proprietarii acestora. Ca atare, autorul cărții electronice nu își asumă responsabilitatea sau răspunderea pentru niciun material sau opinii ale terților.

Cartea electronică este copyright © 2022 cu toate drepturile rezervate. Este ilegal să redistribuiți, să copiați sau să creați lucrări derivate din această carte electronică, integral sau parțial. Nicio parte a acestui raport nu poate fi reprodusă sau retransmisă sub nicio formă, fără permisiunea scrisă exprimată și semnată din partea autorului.

CUPRINS

CUPRINS 3

INTRODUCERE 7

MIC DEJUN 10
1. PÂINE PRĂJITĂ CU CREVEȚI 11
2. AUTOCOLANTE PERFECTE PENTRU OALĂ 14
3. RULOURI DE OUĂ CHINEZEȘTI 18
4. CUPE COAPTE HASH BROWN CU OUĂ 21
5. WONTONS CU CREMA DE BRANZA 24
6. CREVEȚI ȘI OMLETĂ 27

GUSTĂRI 29
7. POPCORN HAKKA SPICE 30
8. OUĂ ÎNMUIATE CU CEAI 32
9. CHIFLE DE ȘAPTE LA ABUR 35
10. PRĂJITURĂ CU MIGDALE LA ABUR 39
11. PUFF-URI CU OUĂ CU ZAHĂR 42
12. CRIZANTEMĂ ȘI PIERSICI TONG SUI 45

FORM PRINCIPAL 47
13. OREZ PRAJIT CU OU 48
14. OREZ PRAJIT CLASIC CU CARNE DE PORC 51
15. TĂIȚEI BEȚI 53
16. SICHUAN ȘI FIDEA 56
17. CONGEE DE PORC 59
18. OREZ PRĂJIT CU CREVEȚI, OU ȘI CEAI 62
19. OREZ PRĂJIT CU PĂSTRĂV AFUMAT 65
20. OREZ PRAJIT SPAM 68
21. OREZ LA ABUR CU LAP CHEUNG ȘI BOK CHOY 72
22. TAITEI CU USTUROI 75

23.	Fidea din Singapore	77
24.	Taitei Hakka	80
25.	Pad Vedem noi	83
26.	Chicken Chow Mein	86
27.	Carne de vită Lo Mein	90
28.	Taitei Dan Dan	94
29.	Beef Chow Fun	97
30.	Creveți cu sare și piper	101
31.	Creveți Beți	104
32.	Creveți de nucă	107
33.	Scoici catifelate	111
34.	Fructe de mare și legume prăjite cu tăiței	114
35.	Crab curry cu nucă de cocos	117
36.	Calamar cu piper negru prăjit	120
37.	Stridii prăjite cu confetti chili-usturoi	123
38.	Pui "Kung Pao	127
39.	Pui cu broccoli	130
40.	Pui cu coajă de mandarină	133
41.	Pui Caju	137
42.	Pui de catifea și mazăre de zăpadă	140
43.	Pui și legume cu sos de fasole neagră	143
44.	Pui cu fasole verde	146
45.	Pui în sos de susan	149
46.	Pui dulce-acrișor	153
47.	Se prăjește ouă de roșii	157
48.	Aripioare de pui prăjite la pachet chinezesc	160
49.	Pui thailandez cu busuioc	163
50.	Burtă de porc înăbușită	165
51.	Se prăjește cu roșii și carne de vită	168
52.	Carne de vită și broccoli	171
53.	Se prăjește carne de vită cu piper negru	174
54.	Carne de susan	177
55.	Carne de vită mongolă	181
56.	Carne de vită Sichuan cu țelină și morcovi	184

57.	CEȘTI CU SALATĂ VERDE HOISIN	187
58.	COTLETE DE PORC PRĂJITE CU CEAPĂ	190
59.	CARNE DE PORC CU CINCI CONDIMENTE CU BOK CHOY	193
60.	SE PRĂJEȘTE CARNE DE PORC HOISIN	196
61.	BURTĂ DE PORC GĂTITĂ DE DOUĂ ORI	199
62.	CARNE DE PORC MU SHU CU CLĂTITE LA TIGAIE	202
63.	COSTITE DE PORC CU SOS DE FASOLE NEAGRA	206
64.	MIEL MONGOL PRĂJIT	209
65.	MIEL CONDIMENTAT CU CHIMEN	212
66.	MIEL CU GHIMBIR ȘI PRAZ	216
67.	CARNE DE VITĂ THAILANDEZĂ CU BUSUIOC	219
68.	CARNE DE PORC CHINEZEASCĂ LA GRĂTAR	221
69.	CHIFLE DE PORC LA GRATAR LA ABUR	224
70.	FRIPTURĂ DE PORC CANTONEZĂ	228
71.	MAZĂRE DE ZĂPADĂ PRĂJITĂ	231
72.	SPANAC PRĂJIT CU USTUROI ȘI SOS DE SOIA	233
73.	VARZĂ NAPA PRĂJITĂ PICANT	235
74.	FASOLE PRĂJITĂ USCATĂ	238
75.	BOK CHOY ȘI CIUPERCI PRĂJITE	241
76.	MEDLEY DE LEGUME PRĂJITE	244
77.	ÎNCÂNTAREA LUI BUDDHA	247
78.	TOFU ÎN STIL HUNAN	250
79.	MA PO TOFU	254
80.	CAȘ DE FASOLE LA ABUR ÎNTR-UN SOS SIMPLU	257
81.	SPARANGHEL DE SUSAN	260
82.	BROCCOLI CHINEZESC CU SOS DE STRIDII	263

SUPE 266

83.	SUPĂ CU TĂIȚEI CU NUCĂ DE COCOS	267
84.	SUPĂ PICANT CU TĂIȚEI DE VITĂ	270
85.	SUPĂ DE PICĂTURI DE OUĂ	273
86.	SUPĂ WONTON SIMPLĂ	275
87.	SUPĂ CU PICĂTURI DE OUĂ	278
88.	SUPĂ FIERBINTE ȘI ACRĂ	281

| 89. | Supă cu tăiței de vită | 285 |

CONDIMENTE ... **288**

90.	Sos de fasole neagra	289
91.	Ulei de ceapă-ghimbir	291
92.	Sos XO	293
93.	Ulei de chili prajit	296
94.	Sos de prune	298

DESERTURI ... **300**

95.	Gustare cu fasole, morcov și castraveți	301
96.	Biscuiți chinezești cu migdale	304
97.	Nian Gao	308
98.	Opt comori cu budincă de orez	311
99.	Desert chinezesc cu migdale flotante	315
100.	Cremă savuroasă cu ouă la abur	318

CONCLUZIE ... **321**

INTRODUCERE

China este țara cu cei mai proeminenți cetățeni și națiunea cu cea mai înaltă și mai inovatoare bucătărie din lume. Denumirea generală pentru mâncăruri din diferite regiuni și etnii din China este bucătăria chineză. Cu o infrastructură excelentă, divizii și instituții bogate și o temă distinctă, are o istorie lungă. Este cristalizarea trecutului de mii de ani de bucătărie chineză. Un aspect semnificativ al culturii chineze, cunoscut și sub numele de tradiția culinară chineză, este bucătăria chineză. Bucătăria chinezească este una dintre bucătăriile triple internaționale și are o influență de anvergură asupra regiunii Asiei de Est. Ingredientele provin din diferite zone și mâncăruri culturale.

Mâncărurile chinezești sunt foarte diferite de toate celelalte alimente din diferite țări. Ingredientele și gustul pot varia de la o regiune la alta din China, dar metoda lor de preparare este aproape identică. Mâncărurile chinezești predomină din cele mai vechi timpuri și sunt renumite pentru gustul lor unic și ingredientele sănătoase. Există multe beneficii ale consumului de alimente chinezești, deoarece oferă nutrienții de care organismul are nevoie și utilizează mai puține ingrediente grase. Orezul este principalul aliment din China, care este servit cu fiecare fel de mâncare și la fiecare masă. Budiștii care nu pot consuma carne pot mânca mâncăruri vegetariene.

Bucătăria chinezească nu este doar gustoasă, ci și sănătoasă și hrănitoare. Condimentele folosite în bucătăria chinezească sunt pline de nutrienți de care corpul uman are nevoie pentru a lucra toată ziua. Acestea sunt o sursă bogată de carbohidrați, amidon, proteine și fibre. Această carte, „Cartea de bucate chinezești", va explica bucătăria chinezească și istoria ei timpurie. Primul capitol va prezenta mâncarea chinezească și apariția ei de la dinastia Zhou până la dinastia Ming și evoluția ei din când în când.

Al doilea capitol este despre rețete de mic dejun și gustări pentru a vă face să vă începeți ziua cu rețete delicioase și rapide. Al treilea capitol este despre rețete de prânz, supă și salată pentru a recâștiga energia pe care ați irosit-o în timpul muncii. Al patrulea capitol include rețete de cină și desert pentru a face mâncare gustoasă pentru masa de familie, cu câteva feluri de mâncare și garnituri dulci.

Ultimul capitol vă va oferi mâncăruri chinezești de renume mondial, inclusiv rețete vegetariene. Puteți alege să faceți aceste rețete în special

evenimente sau întruniri de familie. În cele din urmă, o scurtă concluzie despre alegerea bucătăriei chinezești pentru tine și familia ta este oferită pentru a te ajuta să-ți susții ideea de a alege mâncarea chinezească. Așadar, începeți să citiți această carte și îmbunătățiți-vă cunoștințele de gătit și abilitățile de gătit cu „Cartea de bucate chinezești".

MIC DEJUN

1. Pâine prăjită cu creveți

Dimensiunea porției: 4

Ingrediente:

- 1 lingura sos de soia
- 1 albus de ou
- ½ lingurita zahar alb
- ½ lingurita boia
- ½ kilogram de creveți cruzi
- ½ cană ceapă verde tăiată mărunt
- 3 catei de usturoi
- Sarat la gust
- 4 felii de pâine albă
- 1 lingurita de seminte de susan
- 1 lingură rădăcină de ghimbir
- 1 file de hamsii
- 1 lingurita ulei de susan
- ¼ cană frunze de coriandru

- 1 lingurita sos de peste asiatic
- 1 praf de piper cayenne
- 1 cană de ulei vegetal

Metodă:

a) Amestecați toate ingredientele într-un robot de bucătărie și amestecați până când amestecul devine omogen.

b) Prăjiți ușor felii de pâine și lipiți amestecul de creveți peste pâine prăjită.

c) Tăiați marginile și tăiați în jumătate.

d) Adăugați ulei vegetal în tigaie și prăjiți până se rumenesc.

e) Se serveste fierbinte cu ceapa verde.

2. Autocolante perfecte pentru oală

Dimensiunea porției: 6

Ingrediente:

- $\frac{1}{2}$ cană ceapă verde
- 1 praf de piper cayenne
- 1 $\frac{1}{2}$ cană de varză verde
- 3 linguri de ghimbir proaspăt
- 2 linguri sos de soia
- 1 kilogram carne de porc

- 4 catei de usturoi
- 1 lingurita ulei de susan

Sos de scufundare

- $\frac{1}{4}$ cană de oțet de orez
- $\frac{1}{4}$ cană de sos de soia

Ingrediente pentru aluat

- $\frac{3}{4}$ linguriță sare kosher

- 2 ½ căni de făină universală
- 1 cană apă fierbinte

Prăjire

- 8 linguri de apă pentru abur
- 6 linguri ulei vegetal

Metodă:

a) Amestecați ceapa verde, varza, ardeiul, usturoiul, sosul de soia ghimbir, uleiul de susan și carnea de porc într-un castron și amestecați cu o furculiță.

b) Se acopera cu plastic si se da la rece o ora la frigider.

c) Se amestecă ingredientele pentru aluat și se face aluatul.

d) Frământați aluatul până devine moale și neted.

e) Înfășurați aluatul și lăsați-l să se odihnească timp de 30 de minute.

f) Tăiați aluatul în bucăți mici și faceți împachetări cu autocolante.

g) Umpleți autocolante cu amestec de carne de porc și pliați.

h) Amestecați ingredientele pentru sos pentru a face sosul.

i) Se încălzește o tigaie și se pune stickers în ulei încins până se rumenesc.

j) Stropiți cu apă și gătiți la abur timp de 7 minute sau până devine crocant.

k) Se serveste cu sos de scufundare.

3. Rulouri de ouă chinezeşti

Dimensiune porție: 20

Ingrediente:

- Lăstari de bambus de 8 uncii
- 1 cană ciuperci urechi de lemn
- 4 lingurite ulei vegetal
- 3 ouă mari
- 1 lingurita zahar
- Ambalaje pentru rulouri de ouă de 14 uncii
- 1 albus de ou
- 1 kilogram carne de porc friptă
- 2 cepe verzi
- 2 ½ lingurițe de sos de soia
- 4 cesti de ulei pentru prajit
- 1 varză medie
- ½ morcov
- 1 lingurita sare

Metodă:

a) Încinge tigaia și adaugă 1 lingură de ulei.

b) Adăugați oul bătut în ulei și gătiți 2 minute la foc mic.

c) Schimbați partea și gătiți încă 1 minut.

d) Se lasa deoparte si se lasa sa se raceasca si se taie in fasii subtiri.

e) Adăugați ulei vegetal în tigaie și încălziți ingredientele rămase până când legumele sunt complet fierte.

f) Adăugați oul feliat în legume și lăsați la frigider pentru 1 oră.

g) Luați un ambalaj de plastic și puneți amestecul de legume.

h) Rulați foaia de plastic până când colțurile superioare sunt sigilate.

i) Acoperiți cu plastic pentru a evita uscarea.

4. Cupe coapte Hash Brown cu ouă

Dimensiunea porției: 4

Ingrediente:

- ½ cană de brânză cheddar mărunțită
- arpagic
- ¼ lingurita piper negru
- spray de gătit cu ulei de canola
- 8 ouă mari
- spray de gătit cu ulei de canola
- 1 plic de cartofi maro hash
- piper negru
- 4 fasii de bacon
- ½ linguriță de usturoi pudră
- Sare

Metodă:

a) Încinge cuptorul la 400°F.

b) Puneți cartofii mărunțiți într-un castron și amestecați cu condimente.

c) Presă cartofii până pleacă apa.

d) Coaceți cartofii în cupe de brioșe timp de 20 până la 25 de minute.

e) Se incinge tigaia si se adauga ouale batute.

f) Se amestecă cu o spatulă de cauciuc. Nu prea gătiți ouăle.

g) Adăugați ouăle și condimentele pe cartofi și coaceți din nou timp de 3 până la 7 minute până se topesc complet.

h) Se serveste cu sos.

5. Wontons cu crema de branza

Dimensiunea porției: 6

Ingrediente:

- 8 uncii cremă de brânză
- ½ lingurita zahar
- 24 de ambalaje wonton
- 1 ou batut
- ulei pentru prajit
- 2 lingurite de arpagic tocat
- ½ lingurita praf de ceapa

Metodă:

a) Combinați și amestecați zahărul, cremă de brânză și praful de ceapă.

b) Puneți un ambalaj wonton și puneți peste el o linguriță de cremă de brânză.

c) Ungeți marginile cu ou și împachetați în formă de pachet.

d) Încinge tigaia la 350 ° F cu patru linguri de ulei.

e) Prăjiți wontonurile timp de 6 până la 7 minute sau până când devin maro auriu.

f) Înmuiați într-un prosop de hârtie și lăsați deoparte.

g) Prăjiți toate wrapurile wonton și serviți cu sos tamari.

6. Creveți și omletă

Ingrediente:

- 2 linguri sare kosher, plus mai mult pentru condiment
- 2 linguri de zahar
- 2 cani de apa rece
- 6 uncii de creveți medii (U41-50), curățați și devenați
- 4 oua mari, la temperatura camerei
- ½ lingurita ulei de susan
- Piper negru proaspăt măcinat
- 2 linguri ulei vegetal, împărțit
- 2 felii de ghimbir proaspăt decojite, fiecare de mărimea unui sfert
- 2 catei de usturoi, feliati subtiri
- 1 buchet de arpagic, tăiat în bucăți de ½ inch

Directii:

a) Într-un castron mare, amestecați sarea și zahărul în apă până se dizolvă. Adăugați creveții în saramură. Acoperiți și lăsați la frigider pentru 10 minute.

b) Scurgeți creveții într-o strecurătoare și clătiți. Aruncați saramura. Întindeți creveții pe o foaie de copt căptușită cu un prosop de hârtie și uscați.

c) Într-un alt castron mare, bateți ouăle cu uleiul de susan și câte un praf de sare și piper până se omogenizează. Pus deoparte.

d) Încinge un wok la foc mediu-mare până când o picătură de apă sfârâie și se evaporă la contact. Turnați 1 lingură de ulei vegetal și amestecați pentru a acoperi baza wok-ului. Se condimentează uleiul adăugând ghimbir și un praf de sare. Lăsați ghimbirul să sfârâie în ulei timp de aproximativ 30 de secunde, rotind ușor.

e) Adăugați usturoiul și prăjiți scurt pentru a aroma uleiul, aproximativ 10 secunde. Nu lăsați usturoiul să se rumenească sau să se ardă. Adăugați creveții și prăjiți aproximativ 2 minute, până devin roz. Transferați pe o farfurie și aruncați ghimbirul.

f) Puneti wok-ul pe foc si adaugati 1 lingura ramasa de ulei vegetal. Când uleiul este fierbinte, amestecați amestecul de ouă în wok. Se rotește și se agită ouăle pentru a le găti. Adăugați arpagicul în tigaie și continuați să gătiți până când ouăle sunt fierte, dar nu se usucă. Întoarceți creveții în tigaie și amestecați pentru a se combina. Transferați pe o farfurie de servire.

Gustări

7. Popcorn Hakka Spice

Ingrediente

- Amestec de condimente
- 2 linguri ulei vegetal
- ½ cană boabe de floricele de porumb
- Sare cușer

Directii:

a) Într-o tigaie sau o tigaie mică, combinați condimentele; semințe de anason stelat, semințe de cardamom, cuișoare, boabe de piper, semințe de coriandru și semințe de fenicul. Prăjiți condimentele timp de 5 până la 6 minute.

b) Scoateți tigaia de pe foc și transferați condimentele într-un mojar și pistil sau într-un râșniță de condimente. Măcinați condimentele până la o pudră fină și transferați-le într-un castron mic.

c) Adăugați scorțișoară măcinată, ghimbir, turmeric și ardei cayenne și amestecați pentru a se combina. Pus deoparte.

d) Încinge un wok la foc mediu-mare până când începe să fumeze. Turnați uleiul vegetal și ghee și amestecați pentru a acoperi wok-ul. Adăugați 2 floricele de porumb în wok și acoperiți. Odată ce apar, adăugați restul sâmburilor și acoperiți. Agitați în mod constant până când se oprește.

e) Transferați floricelele într-o pungă mare de hârtie. Adăugați 2 vârfuri generoase de sare kosher și 1½ linguriță de amestec de condimente. Închideți geanta și agitați!

8. Ouă înmuiate cu ceai

Ingrediente

- 2 căni de apă
- ¾ cană sos de soia închis
- 6 felii de ghimbir proaspăt decojite, fiecare de mărimea unui sfert
- 2 anason stelat întreg
- 2 batoane de scortisoara
- 6 cuișoare întregi
- 1 lingurita de seminte de fenicul
- 1 lingurita boabe de piper Sichuan sau boabe de piper negru
- 1 lingurita zahar
- 5 plicuri de ceai negru decofeinizat
- 8 oua mari, la temperatura camerei

Directii:

a) Într-o cratiță, aduceți apa la fiert. Adăugați soia închisă la culoare, ghimbir, anason, batoane de scortișoară, cuișoare, semințe de fenicul, boabe de piper și zahăr. Acoperiți oala și reduceți focul la fiert; gătiți timp de 20 de minute. Opriți focul și adăugați plicuțelele de ceai. Înmuiați ceaiul timp de 10 minute. Strecurați ceaiul printr-o sită cu plasă fină într-o ceașcă mare rezistentă la căldură și lăsați să se răcească în timp ce gătiți ouăle.

b) Umpleți un castron mare cu gheață și apă pentru a crea o baie de gheață pentru ouă și lăsați deoparte. Într-un wok, aduceți suficientă apă pentru a acoperi ouăle cu aproximativ un inch până la fierbere. Coborâți ușor ouăle în apă, reduceți focul la fiert și fierbeți timp de 9 minute. Scoateți ouăle cu o lingură cu fantă și transferați-le în baia de gheață până se răcesc.

c) Scoateți ouăle din baia de gheață. Atingeți ouăle cu dosul unei linguri pentru a sparge cojile, astfel încât marinata să se poată infiltra printre crăpături, dar suficient de ușor pentru a lăsa cojile pe. Scoicile ar trebui să ajungă să arate ca un mozaic. Puneți ouăle într-un borcan mare (cel puțin 32 uncii) și acoperiți-le cu marinada. Păstrați-le la frigider pentru cel puțin 24 de ore sau până la o săptămână. Scoateți ouăle din marinadă când sunt gata de servire.

9. Chifle de șapte la abur

Ingrediente

- ¾ cană lapte integral, la temperatura camerei
- 1 lingura zahar
- 1 lingurita drojdie uscata activa
- 2 căni de făină universală
- 1 lingurita praf de copt
- ¾ linguriță sare kosher, împărțită
- 2 linguri ulei de susan, împărțit
- 2 lingurițe de praf de cinci condimente chinezești, împărțite
- 6 ceai, feliați subțiri

Directii:

a) Amestecați laptele, zahărul și drojdia. Se lasa deoparte 5 minute pentru a activa drojdia.

b) Într-un castron mare, amestecați făina, praful de copt și sarea pentru a se combina. Se toarnă amestecul de lapte. Se amestecă, până se formează un aluat moale, elastic, sau 6 până la 8 minute cu mâna. Se pune intr-un bol si se acopera cu un prosop sa se odihneasca 10 minute.

c) Cu un sucitor, rulați o bucată într-un dreptunghi, de 15 pe 18 inci. Ungeți 1 lingură de ulei de susan peste aluat. Asezonați cu cinci praf de condimente și sare. Se presară cu jumătate de ceai și se presează ușor în aluat.

d) Rulați aluatul pornind de la marginea lungă, așa cum ați face cu o rulada de scorțișoară. Tăiați bușteanul rulat în 8 bucăți egale. Pentru a modela chifla, luați 2 bucăți și stivuiți-le una peste alta pe părțile lor laterale, astfel încât părțile tăiate să fie orientate spre exterior.

e) Folosiți o bețișoară pentru a apăsa în jos în centrul stivei; aceasta va împinge ușor umplutura. Scoateți betisa. Cu ajutorul degetelor, trageți ușor cele două capete ale aluatului pentru a se întinde, apoi înfășurați capetele sub mijloc, ciupind capetele împreună.

f) Așezați chifla pe un pătrat de 3 inci de hârtie de pergament și puneți-o într-un coș de aburi pentru a se lipi. Repetați procesul de modelare cu aluatul rămas, asigurându-vă că există cel puțin 2 inci spațiu între chifle. Puteți folosi un al doilea coș de aburi dacă aveți nevoie de mai mult spațiu. Ar trebui să aveți 8 chifle răsucite. Acoperiți coșurile cu folie de plastic și lăsați să crească timp de 1 oră sau până când își dublează volumul.

g) Turnați aproximativ 2 inci de apă în wok și puneți coșurile pentru aburi în wok. Nivelul apei trebuie să ajungă deasupra marginii inferioare a vaporizatorului cu $\frac{1}{4}$ până la $\frac{1}{2}$ inch, dar nu atât de sus încât să atingă partea de jos a coșului. Acoperiți coșurile cu capacul coșului pentru abur și aduceți apa la fiert la foc mediu-mare.

h) Reduceți căldura la mediu și gătiți la abur timp de 15 minute, adăugând mai multă apă în wok dacă este necesar. Opriți focul și mai țineți coșurile acoperite încă 5 minute. Transferați chiflele pe un platou și serviți.

10. Prăjitură cu migdale la abur

Ingrediente

- Spray de gătit antiaderent
- 1 cană de făină de prăjitură, cernută
- 1 lingurita praf de copt
- ¼ linguriță sare kosher
- 5 ouă mari, separate
- ¾ cană zahăr, împărțit
- 1 lingurita extract de migdale
- ½ lingurita crema de tartru

Directii:

a) Tapetați o tavă de tort de 8 inci cu hârtie de copt. Pulverizați ușor pergamentul cu spray de gătit antiaderent și puneți deoparte.

b) Într-un bol, cerne făina de prăjitură, praful de copt și sarea împreună.

c) Într-un mixer cu stand sau într-un mixer de mână pe mediu, bateți gălbenușurile de ou cu ½ cană de zahăr și extractul de migdale timp de aproximativ 3 minute, până când palid și gros. Adăugați amestecul de făină și amestecați până se omogenizează. Pus deoparte.

d) Curatam telul si intr-un alt bol curat batem albusurile spuma cu crema de tartru pana devine spumoasa. În timp ce mixerul funcționează, continuați să bateți albușurile în timp ce adăugați treptat restul de ¼ de cană de zahăr. Bateți timp de 4 până la 5 minute, până când albușurile devin strălucitoare și dezvoltă vârfuri tari.

e) Îndoiți albușurile spumă în aluatul de tort și amestecați ușor până când albușurile sunt încorporate. Transferați aluatul în tava de tort pregătită.

f) Clătiți un coș de bambus pentru aburi și capacul acestuia sub apă rece și puneți-l în wok. Turnați 2 inci de apă sau până când ajunge deasupra marginii inferioare a vaporizatorului cu ¼ până la ½ inch, dar nu atât de mult încât să atingă partea de jos a coșului. Puneți tava centrală în coșul pentru aburi.

g) Aduceți apa la fiert la foc mare. Așezați capacul pe coșul pentru aburi și reduceți căldura la mediu. Se fierbe prajitura la abur timp de 25 de minute, sau pana cand o scobitoare introdusa in centru iese curata.

h) Transferați tortul pe un grătar de răcire și răciți timp de 10 minute. Întoarceți tortul pe gratar și îndepărtați hârtia de copt. Întoarceți tortul înapoi pe o farfurie de servire, astfel încât să fie cu partea dreaptă în sus. Tăiați în 8 felii și serviți cald.

11. Puff-uri cu ouă cu zahăr

Ingrediente

- ½ cană apă
- 2 lingurițe de unt nesarat
- ¼ cană zahăr, împărțit
- Sare cușer
- ½ cană făină universală nealbită
- 3 căni de ulei vegetal
- 2 ouă mari, bătute

Directii:

a) Într-o cratiță mică, încălziți apa, untul, 2 lingurițe de zahăr și un praf de sare la foc mediu-mare. Se aduce la fierbere și se amestecă făina. Continuați să amestecați făina cu o lingură de lemn până când amestecul arată ca piureul de cartofi și s-a dezvoltat o peliculă subțire de aluat pe fundul cratiței. Opriți focul și transferați aluatul într-un bol mare de amestecare. Se răcește aluatul aproximativ 5 minute, amestecând din când în când.

b) În timp ce aluatul se răcește, turnați uleiul în wok; uleiul ar trebui să fie de aproximativ 1 până la 1½ inci adâncime. Aduceți uleiul la 375 ° F la foc mediu-mare. Vă puteți da seama că uleiul este gata atunci când înmuiați capătul unei linguri de lemn și uleiul bule și sfârâie în jurul lingurii.

c) Se toarnă ouăle bătute în aluat în două reprize, amestecând energic ouăle în aluat înainte de a adăuga următorul lot. Când toate ouăle au fost încorporate, aluatul trebuie să arate satinat și strălucitor.

d) Folosind 2 linguri, scoateți aluatul cu una și folosiți-l pe cealaltă pentru a împinge ușor aluatul de pe lingură în uleiul fierbinte. Lăsați pufulele să se prăjească timp de 8 până la 10 minute, răsturnând des, până când pufulele se umflă până la de 3 ori dimensiunea inițială și devin maro auriu și crocanți.

e) Folosind un skimmer wok, transferați pufulele pe o farfurie tapetată cu un prosop de hârtie și răciți timp de 2 până la 3 minute. Puneți zahărul rămas într-un castron și aruncați pufuletele în el. Serviți cald.

12. Crizantemă și piersici Tong Sui

Ingrediente

- 3 căni de apă
- ¾ cană zahăr granulat
- ¼ cană zahăr brun deschis
- Bucată de ghimbir proaspăt de 2 inci, decojită și zdrobită
- 1 lingură muguri de crizantemă uscați
- 2 piersici galbene mari, decojite, fără sâmburi și tăiate în 8 felii fiecare

Directii:

a) Într-un wok la foc mare, aduceți apa la fiert, apoi reduceți focul la mediu-mic și adăugați zahărul granulat, zahărul brun, ghimbirul și mugurii de crizantemă. Se amestecă ușor pentru a dizolva zaharurile. Adăugați piersici.

b) Fierbeți ușor timp de 10 până la 15 minute sau până când piersicile sunt fragede. Ele pot conferi supei o culoare frumoasă roz. Aruncați ghimbirul și împărțiți supa și piersicile în boluri și serviți.

FORM PRINCIPAL

13. Orez prajit cu ou

Ingrediente:
- 5 căni de orez fiert
- 5 ouă mari (împărțite)
- 2 linguri de apa
- ¼ lingurita boia
- ¼ linguriță de turmeric
- 3 linguri ulei (divizat)
- 1 ceapa medie, tocata marunt
- ½ ardei gras rosu, tocat marunt
- ½ cană de mazăre congelată, dezghețată
- 1½ linguriță sare
- ¼ lingurita zahar
- ¼ lingurita piper negru
- 2 ceai, tocat

Directii:
a) Folosiți o furculiță pentru a pufosi orezul și a-l despărți. Dacă folosiți orez proaspăt gătit, lăsați-l să stea neacoperit pe blat până când încetează să mai aburească înainte de a-l pufea.
b) Bateți 3 ouă într-un bol. Bateți celelalte 2 ouă într-un alt bol, împreună cu 2 linguri de apă, boia de ardei și turmeric. Pune aceste două boluri deoparte.
c) Încinge un wok la foc mediu mare și adaugă 2 linguri de ulei. Adăugați cele 3 ouă bătute (fără condimente) și amestecați-le. Scoateți-le din wok și lăsați-le deoparte.
d) Se încălzește wok-ul la foc mare și se adaugă ultima lingură de ulei. Se adauga ceapa taiata cubulete si ardeiul gras. Se prăjește timp de 1-2 minute. Apoi, adaugă orezul și se

prăjește timp de 2 minute, folosind o mișcare de cupă pentru a încălzi uniform orezul. Folosește-ți spatula wok pentru a aplatiza și a rupe orice bulgări de orez.

e) Apoi, turnați ouăle nefierte rămase și amestecul de condimente peste orez și prăjiți timp de aproximativ 1 minut, până când toate boabele de orez sunt acoperite cu ou.

f) Adăugați mazărea și prăjiți încontinuu încă un minut. În continuare, întindeți sare, zahăr și piper negru peste orez și amestecați. Ar trebui să vedeți acum niște aburi ieșind din orez, ceea ce înseamnă că este încălzit.

14. Orez prajit clasic cu carne de porc

Ingrediente:
- 1 lingura apa fierbinte
- 1 lingurita miere
- 1 lingurita ulei de susan
- 1 lingurita vin Shaoxing
- 1 lingura sos de soia
- 1 lingurita sos de soia inchis la culoare
- ¼ lingurita piper alb
- 5 căni de orez alb fiert
- 1 lingura ulei
- 1 ceapă medie, tăiată cubulețe
- 1 kilogram de porc chinezesc la grătar, tăiat în bucăți
- 2 ouă, omletă
- ½ cană de muguri de fasole mung
- 2 ceai, tocat

Directii:
a) Începeți prin a combina într-un castron mic apa fierbinte, mierea, uleiul de susan, vinul Shaoxing, sosul de soia, sosul de soia închis și piperul alb.
b) Ia-ți orezul fiert și pufă-l cu o furculiță sau cu mâinile.
c) Cu wok-ul la foc mediu, adăugați o lingură de ulei și căliți ceapa până devine translucide. Se amestecă friptura de porc. Adăugați orezul și amestecați bine. Adăugați amestecul de sos și sare și amestecați cu o mișcare de strângere până când orezul este acoperit uniform cu sos.
d) Aruncați ouăle, mugurii de fasole mung și ceai. Se amestecă bine încă un minut sau două și se servește!

15. tăiței beți

Ingrediente:

Pentru pui și marinată:
- 2 linguri de apa
- 12 uncii pulpe de pui sau piept de pui feliate
- 1 lingurita sos de soia
- 1 lingurita ulei
- 2 lingurițe amidon de porumb

Pentru restul preparatului:
- 8 uncii lățime de tăiței de orez uscat, gătiți
- 1½ linguriță de zahăr brun, dizolvat în 1 lingură de apă fierbinte
- 2 lingurite sos de soia
- 1 lingurita sos de soia inchis la culoare
- 1 lingura sos de peste
- 2 lingurite sos de stridii
- praf de piper alb macinat
- 3 linguri ulei vegetal sau canola (împărțit)
- 3 catei de usturoi, taiati felii
- ¼ linguriță de ghimbir proaspăt ras
- 2 salote, feliate (aproximativ ⅓ cesti)
- 1 ceapă, tăiată juliană în bucăți de 3 inci
- 4 ardei iute roșu thailandez, fără semințe și tăiați julien
- 1 cană de busuioc sfânt sau busuioc thailandez
- 5 până la 6 bucăți de porumb pentru copii, împărțite în jumătate (opțional)
- 2 lingurițe de vin Shaoxing

Directii:

a) Treceți cele 2 linguri de apă în puiul tăiat felii cu mâinile până când puiul absoarbe lichidul. Adăugați sos de soia, ulei, amidon de porumb și amestecați până când puiul este acoperit uniform. Se lasa deoparte 20 de minute.

b) Amestecați amestecul de zahăr brun dizolvat, sosurile de soia, sosul de pește, sosul de stridii și piperul alb într-un castron mic și lăsați deoparte.

c) Încinge wok-ul până când este aproape de afumat și întinde 2 linguri de ulei în jurul perimetrului wok-ului. Adauga puiul si lasa-l sa se caleasca 1 minut pe fiecare parte pana cand este fiert in jur de 90%. Scoateți din wok și lăsați deoparte. Dacă căldura a fost suficient de mare și ai prăjit corect carnea, wok-ul tău ar trebui să fie încă curat, fără să se lipească de el. Dacă nu, puteți spăla wok-ul pentru a preveni lipirea tăițeilor de orez.

d) Continuați cu wok-ul la foc mare și adăugați 1 lingură de ulei, împreună cu usturoiul și ghimbirul ras.

e) După câteva secunde, adăugați eșalota. Se prăjește timp de 20 de secunde și se adaugă ceapa, ardeiul iute, busuioc, porumb și vinul Shaoxing. Se prăjește încă 20 de secunde și se adaugă tăițeii de orez. Folosiți o mișcare de strângere pentru a amesteca totul timp de încă un minut până când tăițeii se încălzesc.

f) În continuare, adăugați amestecul de sos pregătit și prăjiți la foc maxim aproximativ 1 minut până când tăițeii au culoarea uniformă. Aveți grijă să folosiți spatula de metal pentru a răzui fundul wok-ului pentru a preveni lipirea.

g) Adăugați puiul prăjit și prăjiți încă 1 până la 2 minute. Servi!

16. Sichuan și fidea

Ingrediente:

Pentru uleiul de chili:
- 2 linguri boabe de piper de Sichuan
- O bucată de scorțișoară de 1 inch lungime
- anason de 2 stele
- 1 cană ulei
- ¼ cană fulgi de ardei roșu mărunțiți

Pentru carne și sui mi ya cai:
- 3 lingurite ulei (divizat)
- 8 oz. carne de porc macinata
- 2 lingurite sos de fasole dulce sau sos hoisin
- 2 lingurițe de vin shaoxing
- 1 lingurita sos de soia inchis la culoare
- ½ linguriță praf de cinci condimente
- ⅓ cup sui mi ya cai

Pentru sos:
- 2 linguri pasta de susan (tahini)
- 3 linguri sos de soia
- 2 lingurite de zahar
- ¼ de linguriță praf de cinci condimente
- ½ linguriță pudră de boabe de piper Sichuan
- ½ cană din uleiul de chili preparat
- 2 catei de usturoi, tocati foarte fin
- ¼ cană apă fierbinte de gătit din tăiței

Pentru tăiței și legume:
- 1 lb. tăiței albi proaspeți sau uscati, de grosime medie
- 1 buchet mic de verdeață cu frunze (spanac, bok choy sau choy sum)

A asambla:
- arahide tocate (optional)

- ceapa tocata

Directii:
a) Pentru a face amestecul de carne: Intr-un wok se incinge o lingurita de ulei la foc mediu si se rumeneste carnea de porc macinata. Adăugați sosul de fasole dulce, vinul shaoxing, sosul de soia închis la culoare și pudra de cinci condimente. Gatiti pana se evapora tot lichidul. Pus deoparte. Încălziți celelalte 2 lingurițe de ulei în wok la foc mediu și căleți sui mi ya cai (legume murate) pentru câteva minute. Pus deoparte.
b) Pentru a face sosul: Amestecați toate ingredientele pentru sos. Gustați și ajustați condimentele dacă doriți. Îl puteți slăbi cu mai multă apă fierbinte, adăugați mai multă pudră de boabe de piper Sichuan.
c) Pentru a pregăti tăițeii și legumele: Gătiți tăițeii conform instrucțiunilor de pe ambalaj și scurgeți. Albește verdeața în apă cu tăiței și se scurge.
d) Împărțiți sosul în patru boluri, urmat de tăiței și verdeață cu frunze. Adăugați deasupra carnea de porc fiartă și sui mi ya cai. Se presara cu arahide tocate (optional) si ceapa.
e) Amesteca totul si bucura-te!

17. Congee de porc

Ingrediente:
- 10 căni de apă
- ¾ cană de orez iasomie, clătit și scurs
- 1 lingurita sare kosher
- 2 lingurite de ghimbir proaspat tocat decojit
- 2 catei de usturoi, tocati
- 1 lingura sos de soia usor, plus mai mult pentru servire
- 2 lingurițe de vin de orez Shaoxing
- 2 lingurițe amidon de porumb
- 6 uncii carne de porc măcinată
- 2 linguri ulei vegetal
- Legume chinezești murate, feliate subțiri, pentru servire (opțional)
- Ulei de ceapă-ghimbir, pentru servire (opțional)
- Ulei de chili prajit, pentru servire (optional)
- Ulei de susan, pentru servire (optional)

Directii:
a) Într-o oală cu fundul greu, aduceți apa la fiert. Se amestecă orezul și sarea și se reduce focul la fiert. Acoperiți și gătiți, amestecând din când în când, timp de aproximativ o oră și

jumătate, până când orezul capătă o consistență moale, asemănătoare unui terci.

b) În timp ce congee se gătește, într-un castron mediu, amestecați ghimbirul, usturoiul, soia ușoară, vinul de orez și amidonul de porumb. Adăugați carnea de porc și lăsați-o la marinat timp de 15 minute.

c) Încinge un wok la foc mediu-mare până când o picătură de apă sfârâie și se evaporă la contact. Turnați uleiul vegetal și amestecați pentru a acoperi baza wok-ului. Adăugați carnea de porc și prăjiți, amestecând și rupând carnea, aproximativ 2 minute.

d) Gatiti inca 1-2 minute fara a amesteca pentru a obtine putina caramelizare.

e) Serviți congee-ul în boluri cu supă, acoperite cu carne de porc prăjită. Ornează cu toppingurile la alegere.

18. Orez prăjit cu creveți, ou și ceai

Ingrediente:
- 2 linguri ulei vegetal
- Sare cușer
- 1 ou mare, bătut
- ½ kg de creveți (orice mărime), curățați, devenați și tăiați în bucăți mici
- 1 lingurita de ghimbir proaspat tocat marunt
- 2 catei de usturoi, tocati marunt
- ½ cană de mazăre congelată și morcovi
- 2 cepți, feliați subțiri, împărțiți
- 3 căni de orez fiert la rece
- 3 linguri de unt nesarat
- 1 lingura sos de soia usor
- 1 lingura ulei de susan

Directii:

a) Încinge un wok la foc mediu-mare până când o picătură de apă sfârâie și se evaporă la contact. Turnați uleiul vegetal și amestecați pentru a acoperi baza wok-ului. Se condimentează uleiul adăugând un praf mic de sare. Adăugați oul și amestecați rapid.

b) Împingeți oul pe părțile laterale ale wok-ului pentru a crea un inel central și adăugați creveții, ghimbirul și usturoiul împreună. Se prăjesc creveții cu un praf mic de sare timp de 2 până la 3 minute, până când devin opace și roz. Adaugati mazarea si morcovii si jumatate de ceai si se caleste inca un minut.

c) Adăugați orezul, rupând cocoloașele mari și aruncați și răsturnați pentru a combina toate ingredientele. Se prăjește timp de 1 minut, apoi se împinge totul în părțile laterale ale wok-ului, lăsând o fântână în fundul wok-ului.

d) Adăugați untul și soia ușoară, lăsați untul să se topească și să bule, apoi amestecați totul împreună pentru a se acoperi, aproximativ 30 de secunde.

e) Întindeți orezul prăjit într-un strat uniform în wok și lăsați orezul să stea lângă wok timp de aproximativ 2 minute pentru a deveni ușor crocant. Stropiți cu ulei de susan și asezonați cu încă un praf mic de sare. Transferați pe un platou și serviți imediat, garnisind cu restul de ceai.

19. Orez prăjit cu păstrăv afumat

Ingrediente:
- 2 ouă mari
- 1 lingurita ulei de susan
- Sare cușer
- Piper alb măcinat
- 1 lingura sos de soia usor
- ½ lingurita zahar
- 3 linguri de ghee sau ulei vegetal, împărțite
- 1 lingurita de ghimbir proaspat tocat marunt
- 2 catei de usturoi, tocati marunt
- 3 căni de orez fiert la rece
- 4 uncii de păstrăv afumat, rupt în bucăți mici
- ½ cană inimioare de salată romană tăiate felii subțiri
- 2 ceai, feliați subțiri
- ½ lingurita de seminte albe de susan

Directii:
a) Într-un castron mare, bateți ouăle cu uleiul de susan și câte un praf de sare și piper alb până se omogenizează. Într-un castron mic, amestecați soia ușoară și zahărul pentru a dizolva zahărul. Pus deoparte.

b) Încinge un wok la foc mediu-mare până când o picătură de apă sfârâie și se evaporă la contact. Turnați 1 lingură de ghee și amestecați pentru a acoperi baza wok-ului. Adăugați amestecul de ouă și, folosind o spatulă rezistentă la căldură, agitați și agitați ouăle pentru a găti. Transferați ouăle pe o farfurie când sunt doar fierte, dar nu uscate.

c) Adăugați restul de 2 linguri de ghee în wok, împreună cu ghimbirul și usturoiul. Se prăjește repede până când usturoiul și ghimbirul devin aromate, dar aveți grijă să nu le lăsați să se ardă. Adăugați amestecul de orez și soia și amestecați pentru a se combina. Continuați să prăjiți, aproximativ 3 minute. Adăugați păstrăvul și oul fiert și prăjiți pentru a le rupe, aproximativ 20 de secunde. Adăugați salata verde și ceai și se prăjesc până când ambele devin verde strălucitor.

d) Transferați pe un platou de servire și stropiți cu semințele de susan.

20. Orez prajit spam

Ingrediente:
- 1 lingura ulei vegetal
- 2 felii de ghimbir proaspăt decojite
- Sare cușer
- 1 cutie de spam (12 uncii), tăiată în cuburi de $\frac{1}{2}$ inch
- $\frac{1}{2}$ ceapă albă, tăiată în cuburi de $\frac{1}{4}$ inch
- 2 catei de usturoi, tocati marunt
- $\frac{1}{2}$ cană de mazăre congelată și morcovi
- 2 cepți, feliați subțiri, împărțiți
- 3 căni de orez fiert la rece
- $\frac{1}{2}$ cană bucăți de ananas din conservă, sucuri rezervate
- 3 linguri de unt nesarat
- 2 linguri sos de soia usor
- 1 lingurita sriracha
- 1 lingurita zahar brun deschis
- 1 lingura ulei de susan

Directii:
a) Încinge un wok la foc mediu-mare până când o picătură de apă sfârâie și se evaporă la contact. Turnați uleiul vegetal și amestecați pentru a acoperi baza wok-ului. Se

condimentează uleiul adăugând ghimbir și un praf mic de sare. Lăsați ghimbirul să sfârâie în ulei timp de aproximativ 30 de secunde, rotind ușor.

b) Adăugați Spam-ul tăiat cubulețe și întindeți-l uniform pe fundul wok-ului. Lăsați Spam-ul să se prăbușească înainte de a arunca și de a răsturna. Continuați să prăjiți Spam-ul timp de 5 până la 6 minute, până când devine auriu și crocant pe toate părțile.

c) Se adauga ceapa si usturoiul si se calesc timp de aproximativ 2 minute, pana cand ceapa incepe sa arate translucida. Adăugați mazărea și morcovii și jumătate din ceai. Se prăjește încă un minut.

d) Aruncați orezul și ananasul, rupând bucățile mari de orez și aruncați și răsturnați pentru a combina toate ingredientele. Se prăjește timp de 1 minut, apoi se împinge totul în părțile laterale ale wok-ului, lăsând o fântână în fundul wok-ului.

e) Adăugați untul, sucul de ananas rezervat, soia ușoară, sriracha și zahărul brun. Se amestecă pentru a dizolva zahărul și se aduce sosul la fierbere, apoi se fierbe aproximativ un minut pentru a reduce sosul și a se îngroașa puțin. Combinați totul pentru a acoperi, aproximativ 30 de secunde.

f) Răspândiți orezul prăjit într-un strat uniform în wok și lăsați orezul să stea lângă wok să se crocante ușor, aproximativ 2 minute. Scoateți ghimbirul și aruncați-l. Stropiți cu ulei de susan și asezonați cu încă un praf mic de sare. Se transferă pe un platou și se ornează cu ceaiurile rămase. Serviți imediat.

21. Orez la abur cu Lap Cheung și Bok Choy

Ingrediente:

- 1½ cani de orez iasomie
- 4 lap cheung (cârnați chinezești) sau chorizo spaniol
- 4 capete baby bok choy, fiecare feliat în 6 felii
- ¼ cană ulei vegetal
- 1 șalotă mică, feliată subțire
- Bucată de ghimbir proaspăt de 1 inch, decojită și tocată mărunt
- 1 cățel de usturoi, decojit și tocat mărunt
- 2 lingurite sos de soia usor
- 1 lingură sos de soia închis la culoare
- 2 lingurițe de vin de orez Shaoxing
- 1 lingurita ulei de susan
- Zahăr

Directii:

a) Într-un castron, clătiți și amestecați orezul de 3 sau 4 ori sub apă rece, amestecând orezul în apă pentru a elimina eventualele amidon. Acoperiți orezul cu apă rece și lăsați la macerat timp de 2 ore. Scurgeți orezul printr-o sită cu ochiuri fine.

b) Clătiți două coșuri de bambus pentru aburi și capacele lor sub apă rece și puneți un coș în wok. Turnați 2 inci de apă sau suficient pentru ca nivelul apei să ajungă deasupra marginii inferioare a vaporizatorului cu ¼ până la ½ inch, dar nu atât de sus încât apa să atingă partea de jos a vaporizatorului.

c) Tapetați o farfurie cu o bucată de cârpă și adăugați jumătate din orezul înmuiat în farfurie. Aranjați 2 cârnați și jumătate de bok choy deasupra și legați lejer prapa, astfel încât să existe suficient spațiu în jurul orezului pentru a se putea extinde. Puneți farfuria în coșul pentru aburi. Repetați procesul cu o altă farfurie, mai multă pânză de brânză și cârnații și bok choy rămase în al doilea coș de aburi, apoi stivuiți-l peste primul și acoperiți.

d) Dați focul la mediu-mare și aduceți apa la fiert. Se fierbe orezul timp de 20 de minute, verificând des nivelul apei și adăugând mai mult după cum este necesar.

e) În timp ce orezul se aburește, într-o cratiță mică, încălziți uleiul vegetal la foc mediu până când începe să fumeze. Opriți focul și adăugați eșalota, ghimbirul și usturoiul. Se amestecă și se adaugă soia ușoară, soia închisă la culoare, vinul de orez, uleiul de susan și un praf de zahăr. Se da deoparte la racit.

f) Când orezul este gata, dezlegați cu grijă cârpa de brânză și transferați orezul și bok choy pe un platou. Tăiați cârnații în diagonală și aranjați deasupra orezului. Serviți cu ulei de soia de ghimbir în lateral.

22. Taitei cu usturoi

Ingrediente:

- ½ kilogram de tăiței chinezești proaspeți de ouă, gătiți
- 2 linguri ulei de susan, împărțit
- 2 linguri de zahar brun deschis
- 2 linguri sos de stridii
- 1 lingura sos de soia usor
- ½ linguriță de piper alb măcinat
- 6 linguri de unt nesarat
- 8 catei de usturoi, tocati marunt
- 6 ceai, feliați subțiri

Directii:

a) Stropiți tăițeii cu 1 lingură de ulei de susan și amestecați. Pus deoparte.

b) Într-un castron mic, amestecați zahărul brun, sosul de stridii, soia ușoară și piperul alb. Pus deoparte.

c) Încinge un wok la foc mediu-mare și topește untul. Adăugați usturoiul și jumătate din ceai. Se prăjește timp de 30 de secunde.

d) Se toarnă sosul și se amestecă pentru a se combina cu untul și usturoiul. Aduceți sosul la fiert și adăugați tăițeii. Aruncați tăițeii pentru ai acoperi cu sos până când sunt încălziți.

23. Fidea din Singapore

Ingrediente:
- ½ kilogram de tăiței de vermicelli de orez uscat
- ½ kg de creveți medii, decojiți și devenați
- 3 linguri ulei de cocos, împărțit
- Sare cușer
- 1 ceapă albă mică, tăiată subțire fâșii
- ½ ardei gras verde, tăiat în fâșii subțiri
- ½ ardei gras rosu, taiat fasii subtiri
- 2 catei de usturoi, tocati marunt
- 1 cană mazăre congelată, decongelată
- ½ kg friptură de porc chinezească, tăiată în fâșii subțiri
- 2 lingurițe pudră de curry
- Piper negru proaspăt măcinat
- Suc de 1 lime
- 8 până la 10 fire de coriandru proaspăt

Directii:

a) Aduceți o oală mare cu apă la fiert la foc mare. Opriți focul și adăugați tăițeii. Înmuiați timp de 4 până la 5 minute, până când tăițeii devin opace. Scurgeți cu grijă tăițeii într-o strecurătoare. Clătiți tăițeii cu apă rece și lăsați deoparte.

b) Într-un castron mic, asezonați creveții cu sosul de pește (dacă este folosit) și lăsați deoparte 5 minute. Dacă nu doriți să folosiți sos de pește, folosiți un praf de sare pentru a asezona creveții.

c) Încinge un wok la foc mediu-mare până când o picătură de apă sfârâie și se evaporă la contact. Turnați 2 linguri de ulei de cocos și amestecați pentru a acoperi baza wok-ului. Se condimentează uleiul adăugând un praf mic de sare. Adăugați creveții și prăjiți timp de 3 până la 4 minute sau până când creveții devin roz. Transferați într-un bol curat și lăsați deoparte.

d) Adăugați 1 lingură rămasă de ulei de cocos și amestecați pentru a acoperi wok-ul. Prăjiți ceapa, ardeiul gras și usturoiul timp de 3 până la 4 minute, până când ceapa și ardeiul sunt moi. Adăugați mazărea și prăjiți până se încălzește, aproximativ încă un minut.

e) Adăugați carnea de porc și readuceți creveții în wok. Se amestecă împreună cu praful de curry și se condimentează cu sare și piper. Adăugați tăițeii și amestecați pentru a se combina. Taiteii vor capata o culoare galben auriu stralucitor pe masura ce continuati sa ii amestecati usor cu celelalte ingrediente. Continuați să prăjiți și să amestecați timp de aproximativ 2 minute, până când tăițeii sunt încălziți.

f) Transferați tăițeii pe un platou, stropiți cu zeamă de lămâie și garnisiți cu coriandru. Serviți imediat.

24. Taitei Hakka

Ingrediente:

- ¾ de kilogram de tăiței pe bază de făină proaspătă
- 3 linguri ulei de susan, împărțit
- 2 linguri sos de soia usor
- 1 lingura otet de orez
- 2 lingurite de zahar brun deschis
- 1 lingurita sriracha
- 1 lingurita de ulei de chili prajit
- Sare cușer
- Piper alb măcinat
- 2 linguri ulei vegetal
- 1 lingură de ghimbir proaspăt tocat mărunt
- ½ cap de varză verde, mărunțită
- ½ ardei gras rosu, taiat in fasii subtiri
- ½ ceapă roșie, tăiată în fâșii subțiri verticale
- 1 morcov mare, decojit și tăiat julien
- 2 catei de usturoi, tocati marunt
- 4 ceai, feliați subțiri

Directii:

a) Aduceți o oală cu apă la fiert și gătiți tăițeii conform instrucțiunilor de pe ambalaj. Scurgeți, clătiți și amestecați cu 2 linguri de ulei de susan. Pus deoparte.

b) Într-un castron mic, amestecați soia ușoară, oțetul de orez, zahărul brun, sriracha, uleiul de chili și câte un praf de sare și piper alb. Pus deoparte.

c) Încinge un wok la foc mediu-mare până când o picătură de apă sfârâie și se evaporă la contact. Turnați uleiul vegetal și amestecați pentru a acoperi baza wok-ului. Se condimentează uleiul adăugând ghimbir și un praf mic de sare. Lăsați ghimbirul să sfârâie în ulei timp de aproximativ 10 secunde, rotind ușor.

d) Adăugați varza, ardeiul gras, ceapa și morcovul și prăjiți timp de 4 până la 5 minute, sau până când legumele sunt fragede și ceapa începe să se caramelizeze ușor. Adăugați usturoiul și prăjiți până se simte parfumat, încă aproximativ 30 de secunde. Se amestecă amestecul de sos și se aduce la fierbere. Reduceți focul la mediu și fierbeți sosul timp de 1 până la 2 minute. Adaugati ceapa si amestecati pentru a se combina.

e) Adăugați tăițeii și amestecați pentru a se combina. Creșteți căldura la mediu-mare și prăjiți timp de 1 până la 2 minute pentru a încălzi tăițeii. Transferați pe un platou, stropiți cu 1 lingură rămasă de ulei de susan și serviți fierbinte.

25. Pad Vedem noi

Ingrediente:
- 2 lingurițe de sos de soia închis la culoare
- 2 lingurițe amidon de porumb
- 2 lingurite sos de peste, impartite
- $\frac{1}{2}$ lingurita sare kosher
- Piper alb măcinat
- $\frac{3}{4}$ de kilogram de friptură sau vârfuri de mușchie, tăiate peste bob în felii groase de $\frac{1}{8}$ inci
- 2 linguri sos de stridii
- 1 lingura sos de soia usor
- $\frac{1}{2}$ lingurita zahar
- 1$\frac{1}{2}$ kilograme de tăiței lați de orez proaspeți sau tăiței de orez uscat
- 5 linguri ulei vegetal, împărțit
- 4 catei de usturoi, feliati subtiri
- 1 buchet de broccoli chinezesc (gai lan), tulpini tăiate în diagonală în bucăți de $\frac{1}{2}$ inch, frunze tăiate în bucăți mici
- 2 ouă mari, bătute

Directii:
a) Într-un castron, amestecați soia închisă la culoare, amidonul de porumb, sosul de pește, sarea și un praf de piper alb.

Adăugați feliile de carne de vită și amestecați pentru a se acoperi. Se da deoparte la marinat timp de 10 minute.

b) Într-un alt castron, amestecați sosul de stridii, soia ușoară, 1 linguriță rămasă de sos de pește și zahărul. Pus deoparte.

c) Încinge un wok la foc mediu-mare până când o picătură de apă sfârâie și se evaporă la contact. Turnați 2 linguri de ulei și amestecați pentru a acoperi baza wok-ului. Folosind clești, transferați carnea de vită în wok și rezervați marinada. Se prăjește carnea de vită pe wok timp de 2 până la 3 minute, până când devine maro și se formează o crustă prăjită. Reveniți carnea de vită în bolul pentru marinată și amestecați amestecul de sos de stridii.

d) Adăugați încă 2 linguri de ulei și prăjiți usturoiul timp de 30 de secunde. Adăugați tulpinile de broccoli chinezesc și prăjiți timp de 45 de secunde, ținând totul în mișcare pentru a preveni arderea usturoiului.

e) Împingeți tulpinile de broccoli pe părțile laterale ale wok-ului, lăsând fundul wok-ului gol. Adăugați 1 lingură de ulei rămasă și amestecați ouăle în godeu, apoi amestecați-le.

f) Adăugați tăițeii, sosul și carnea de vită și amestecați și răsturnați rapid pentru a combina toate ingredientele, amestecând încă 30 de secunde. Adăugați frunzele de broccoli și prăjiți încă 30 de secunde sau până când frunzele încep să se ofilească. Reveniți pe un platou și serviți imediat.

26. Chicken Chow Mein

Ingrediente:

- ½ kilogram de tăiței proaspeți subțiri de ou în stil Hong Kong
- 1½ lingurita ulei de susan, impartit
- 2 lingurițe de vin de orez Shaoxing
- 2 lingurite sos de soia usor
- Piper alb măcinat
- ½ kg pulpe de pui, tăiate în fâșii subțiri
- ¼ cană supă de pui cu conținut scăzut de sodiu
- 2 lingurițe de sos de soia închis la culoare
- 2 lingurite sos de stridii
- 2 lingurițe amidon de porumb
- 4 linguri ulei vegetal, împărțit
- 3 capete baby bok choy, tăiate în bucăți mici
- 2 catei de usturoi, tocati marunt
- 1 mână mare (2 până la 3 uncii) muguri de fasole mung

Directii:

a) Aduceți o oală cu apă la fiert și gătiți tăițeii conform instrucțiunilor de pe ambalaj. Rezervați 1 cană de apă de gătit și scurgeți tăițeii într-o strecurătoare. Clătiți tăițeii cu apă rece și stropiți cu 1 lingură de ulei de susan. Se amestecă pentru a acoperi și se pune deoparte.

b) Într-un castron, combinați vinul de orez, soia ușoară și un praf de piper alb. Aruncați bucățile de pui pentru a le acoperi și la marinat timp de 10 minute. Într-un castron mic, amestecați bulionul de pui, soia închisă la culoare, ½ lingură rămasă de ulei de susan, sosul de stridii și amidonul de porumb. Pus deoparte.

c) Încinge un wok la foc mediu-mare până când o picătură de apă sfârâie și se evaporă la contact. Turnați 3 linguri de ulei vegetal și amestecați pentru a acoperi baza wok-ului. Adăugați tăițeii într-un strat și prăjiți timp de 2 până la 3 minute, sau până când sunt aurii. Întoarceți tăițeii cu grijă și prăjiți pe cealaltă parte pentru încă 2 minute, sau până când tăițeii sunt crocanți și maronii și s-au format într-o prăjitură liberă. Transferați pe o farfurie tapetată cu un prosop de hârtie și lăsați deoparte.

d) Adăugați 1 lingură rămasă de ulei vegetal și prăjiți puiul și marinada timp de 2 până la 3 minute, până când puiul nu mai este roz și marinada s-a evaporat. Adăugați bok choy și usturoi, prăjiți până când tulpinile de bok choy sunt fragede, cam încă un minut.

e) Se toarnă sosul și se amestecă pentru a se combina cu puiul și bok choy.

f) Întoarceți tăițeii și, folosind o mișcare de scoatere și de ridicare, aruncați tăițeii cu puiul și legumele timp de aproximativ 2 minute, până când sunt acoperiți cu sos. Dacă tăițeii par puțin uscați, adăugați o lingură sau cam așa ceva din apa de gătit rezervată în timp ce aruncați. Adăugați mugurii de fasole și prăjiți, ridicând și scotând încă 1 minut.

g) Transferați pe un platou și serviți fierbinți.

27. Carne de vită Lo Mein

Ingrediente:

- ½ kilogram de tăiței de ouă proaspeți, gătiți
- 2 linguri ulei de susan, împărțit
- 2 linguri vin de orez Shaoxing
- 2 linguri de amidon de porumb, împărțit
- 2 linguri sos de soia închis la culoare
- Piper alb măcinat
- ½ kg de mușchi de vită, tăiate peste bob în fâșii subțiri
- 3 linguri ulei vegetal, împărțit
- 2 felii de ghimbir proaspăt decojite, fiecare de mărimea unui sfert
- Sare cușer
- ½ ardei gras rosu, taiat in fasii subtiri
- 1 cană de mazăre de zăpadă, sforile îndepărtate
- 2 catei de usturoi, tocati marunt
- 2 căni de muguri de fasole mung

Directii:
a) Stropiți tăițeii cu 1 lingură de ulei de susan și amestecați. Pus deoparte.

b) Într-un castron, amestecați vinul de orez, 2 lingurițe de amidon de porumb, soia neagră și un praf generos de piper alb. Adăugați carnea de vită și amestecați pentru a se acoperi. Se lasa deoparte 10 minute la marinat.

c) Încinge un wok la foc mediu-mare până când o picătură de apă sfârâie și se evaporă la contact. Turnați uleiul vegetal și amestecați pentru a acoperi baza wok-ului. Se condimentează uleiul adăugând ghimbir și un praf mic de sare. Lăsați ghimbirul să sfârâie în ulei timp de aproximativ 30 de secunde, rotind ușor. Adăugați carnea de vită, rezervând marinada și prăjiți-l pe wok timp de 2 până la 3 minute. Aruncați și răsturnați carnea de vită, prăjindu-se încă 1 minut sau până când nu mai este roz. Transferați într-un bol și lăsați deoparte.

d) Adăugați 1 lingură rămasă de ulei vegetal și prăjiți ardeiul gras, amestecând și răsturnând timp de 2 până la 3 minute, până când se înmoaie. Adăugați mazărea de zăpadă și usturoiul, amestecând încă un minut, sau până când usturoiul este parfumat.

e) Împingeți toate ingredientele pe părțile laterale ale wok-ului și turnați uleiul de susan rămas, marinada rezervată, amidonul de porumb rămas și apa de gătit. Se amestecă și se aduce la fierbere. Reveniți carnea de vită în wok și amestecați-o pentru a o combina cu legumele timp de 1 până la 2 minute.

f) Aruncați tăițeii lo mein cu carnea de vită și legumele până când tăițeii sunt acoperiți cu sos. Adăugați mugurii de fasole și amestecați pentru a se combina. Scoateți și aruncați ghimbirul. Transferați pe un platou și serviți.

28. Taitei Dan Dan

Ingrediente:

- ¾ de kilogram de tăiței subțiri de grâu
- 4 uncii carne de porc măcinată
- 4 linguri ulei vegetal, împărțit
- 2 linguri de vin de orez Shaoxing, împărțit
- Sare cușer
- ¼ cană sos de soia ușor
- 2 linguri de unt de arahide neted
- 1 lingura otet negru
- 3 catei de usturoi, tocati marunt
- 2 lingurite de zahar brun deschis
- 1 lingurita boabe de piper Sichuan, prajite si macinate
- Bucata de 1 inch ghimbir proaspăt, curățat și tocat fin
- 1 lingura de fasole neagra fermentata, clatita si tocata
- 2 capete mici baby bok choy, tocate grosier
- 2 linguri de ulei de chili prajit
- ½ cană alune prăjite uscate tăiate mărunt

Directii:
a) Aduceți o oală mare cu apă la fiert și gătiți tăițeii conform instrucțiunilor de pe ambalaj. Scurgeți și clătiți cu apă rece

și lăsați deoparte. Umpleți oala cu apă proaspătă și aduceți la fierbere pe plită.

b) Într-un castron, amestecați carnea de porc cu 1 lingură de ulei vegetal, 1 lingură de vin de orez și un praf de sare. Se da deoparte la marinat timp de 10 minute.

c) Într-un castron mic, amestecați 1 lingură rămasă de vin de orez, soia ușoară, unt de arahide, oțet negru, usturoi, zahăr brun, boabe de piper Sichuan, ghimbir și fasole neagră. Pus deoparte.

d) Încinge un wok la foc mediu-mare până când o picătură de apă sfârâie și se evaporă la contact. Turnați 2 linguri de ulei vegetal și amestecați pentru a acoperi baza wok-ului. Adăugați carnea de porc și prăjiți timp de 4 până la 6 minute, până când se rumenește și devine ușor crocantă. Se toarnă amestecul de sos și se amestecă pentru a se combina, fierbând timp de 1 minut. Transferați într-un bol curat și lăsați deoparte.

e) Șterge wok-ul și adaugă restul de 1 lingură de ulei vegetal. Se prăjește rapid bok choy timp de 1 până la 2 minute, până când se ofilește și se înmoaie. Se adaugă în bolul cu carne de porc și se amestecă.

f) Pentru asamblare, scufundați tăițeii în apă clocotită timp de 30 de secunde pentru a se reîncălzi. Scurgeți-le și împărțiți-le în 4 boluri adânci.

29. Beef Chow Fun

Ingrediente:

- ¼ de cană de vin de orez Shaoxing
- ¼ cană sos de soia ușor
- 2 linguri amidon de porumb
- 1½ linguriță sos de soia închis la culoare
- 1½ linguriță sos de soia închis la culoare
- ½ lingurita zahar
- ¾ de kilogram de friptură sau vârfuri de muschi, tăiate în felii
- 1½ kilograme de tăiței lați de orez proaspeți, gătiți
- 2 linguri ulei de susan, împărțit
- 3 linguri ulei vegetal, împărțit
- 4 felii de ghimbir proaspăt decojite
- 8 ceai, tăiați în jumătate pe lungime și tăiați în bucăți de 3 inci
- 2 căni de muguri de fasole mung proaspeți

Directii:

a) Într-un castron, amestecați vinul de orez, soia ușoară, amidonul de porumb, soia neagră, zahărul și un praf de piper alb. Adăugați carnea de vită și amestecați pentru a se acoperi. Se lasa deoparte la marinat pentru cel putin 10 minute.

b) Încinge un wok la foc mediu-mare până când o picătură de apă sfârâie și se evaporă la contact. Turnați 2 linguri de ulei vegetal și amestecați pentru a acoperi baza wok-ului. Se condimentează uleiul adăugând ghimbir și un praf de sare. Lăsați ghimbirul să sfârâie în ulei timp de aproximativ 30 de secunde, rotind ușor.

c) Folosind clești, adăugați carnea de vită în wok și rezervați lichidul de marinare. Se prăjește carnea de vită pe wok timp de 2 până la 3 minute sau până când se formează o crustă prăjită și rumenită. Aruncați și răsturnați carnea de vită în jurul wok-ului pentru încă 1 minut. Transferați într-un bol curat și lăsați deoparte.

d) Adăugați încă 1 lingură de ulei vegetal și prăjiți ceapa timp de 30 de secunde sau până când se înmoaie. Adăugați tăițeii și ridicați cu o mișcare în sus pentru a ajuta la separarea tăițeilor dacă s-au lipit împreună. Adăugați apa de gătit, câte 1 lingură, dacă tăițeii s-au lipit cu adevărat.

e) Reveniți carnea de vită în wok și amestecați pentru a o combina cu tăițeii. Se toarnă marinada rezervată și se amestecă timp de 30 de secunde până la 1 minut, sau până când sosul se îngroașă și acoperă tăițeii și aceștia capătă o culoare maro intens și bogat. Dacă este necesar, adăugați 1 lingură de apă de gătit rezervată pentru a dilua sosul. Adăugați mugurii de fasole și amestecați până când se încălzesc, aproximativ 1 minut. Scoateți ghimbirul și aruncați-l.

f) Transferați pe un platou și stropiți cu 1 lingură rămasă de ulei de susan. Se serveste fierbinte.

30. Creveți cu sare și piper

Ingrediente:

- 1 lingură sare kosher
- 1½ linguriță boabe de piper Sichuan
- 1½ kg de creveți mari (U31-35), curățați și devenați, cu coada lăsată
- ½ cană ulei vegetal
- 1 cană amidon de porumb
- 4 ceai, feliați în diagonală
- 1 ardei jalapeño, tăiat în jumătate și fără semințe, feliat subțire
- 6 catei de usturoi, feliati subtiri

Directii:

a) Într-o tigaie mică sau o tigaie la foc mediu, prăjiți sarea și boabele de piper până când sunt aromate, agitând și amestecând frecvent pentru a evita arderea. Transferați într-un castron pentru a se răci complet. Măcinați sarea și boabele de piper împreună într-o râșniță de condimente sau cu un mojar și un pistil. Transferați într-un bol și lăsați deoparte.

b) Uscați creveții cu un prosop de hârtie.

c) Într-un wok, încălziți uleiul la foc mediu-mare la 375 ° F, sau până când bule și sfârâie în jurul capătului unei linguri de lemn.

d) Pune amidonul de porumb într-un castron mare. Chiar înainte de a fi gata să prăjiți creveții, aruncați jumătate din creveți pentru a fi acoperiți cu amidon de porumb și scuturați excesul de amidon de porumb.

e) Prăjiți creveții timp de 1 până la 2 minute, până devin roz. Folosind un skimmer wok, transferați creveții prăjiți pe un suport așezat peste o foaie de copt pentru a se scurge. Repetați procesul cu creveții rămași, aruncați în amidon de porumb, prăjiți și transferați pe grătar pentru a se scurge.

f) Odată ce toți creveții au fost gătiți, îndepărtați cu grijă toate, cu excepția a 2 linguri de ulei, și readuceți wok-ul la foc mediu. Adăugați ceaiul verde, jalapeño și usturoiul și se prăjesc până ce ceaiurile și jalapeño devin verde strălucitor și usturoiul este aromat. Întoarceți creveții în wok, asezonați după gust cu amestecul de sare și piper (s-ar putea să nu-l folosiți pe toți) și amestecați pentru a acoperi. Transferați creveții pe un platou și serviți fierbinți.

31. Creveți Beți

PORȚII 4

Ingrediente:

- 2 căni de vin de orez Shaoxing
- 4 felii de ghimbir proaspăt decojite, fiecare de mărimea unui sfert
- 2 linguri fructe de padure goji uscate (optional)
- 2 lingurite de zahar
- Creveți jumbo de 1 kg (U21-25), curățați și devenați, cu coada lăsată
- 2 linguri ulei vegetal
- Sare cușer
- 2 lingurițe amidon de porumb

Directii:

a) Într-un castron larg, amestecați vinul de orez, ghimbirul, boabele de goji (dacă le folosiți) și zahărul până când zahărul se dizolvă. Adăugați creveții și acoperiți. Marinați la frigider timp de 20 până la 30 de minute.

b) Se toarnă creveții și marinada într-o strecurătoare pusă peste un castron. Rezervați ½ cană de marinată și aruncați restul.

c) Încinge un wok la foc mediu-mare până când o picătură de apă sfârâie și se evaporă la contact. Turnați uleiul și amestecați pentru a acoperi baza wok-ului. Se condimentează uleiul adăugând un praf mic de sare și se amestecă ușor.

d) Adăugați creveții și prăjiți energic, adăugând un praf de sare în timp ce răsturnați și aruncați creveții în wok. Continuați să mutați creveții aproximativ 3 minute, până când devin roz.

e) Amestecați amidonul de porumb în marinada rezervată și turnați-l peste creveți. Aruncați creveții și acoperiți cu marinada. Se va ingrosa intr-un sos lucios pe masura ce incepe sa fiarba, inca vreo 5 minute.

f) Transferați creveții și fructele de goji pe un platou, aruncați ghimbirul și serviți fierbinți.

32. Creveți de nucă

Ingrediente:

- Spray antiadeziv cu ulei vegetal
- Creveți jumbo de 1 kg (U21-25), curățați
- 25 până la 30 de jumătăți de nucă
- 3 cani de ulei vegetal, pentru prajit
- 2 linguri de zahar
- 2 linguri de apa
- $\frac{1}{4}$ cană maioneză
- 3 linguri lapte condensat indulcit
- $\frac{1}{4}$ linguriță de oțet de orez
- Sare cușer
- $\frac{1}{3}$ ceașcă amidon de porumb

Directii:

a) Tapetați o foaie de copt cu hârtie de copt și stropiți ușor cu spray de gătit. Pus deoparte.

b) Fluture creveții ținându-i pe o placă de tăiat cu partea curbată în jos. Începând din zona capului, introduceți vârful unui cuțit de toaletă la trei sferturi în creveți. Faceți o felie în jos din centrul spatelui creveților până la coadă. Nu tăiați până la capăt creveții și nu tăiați în zona cozii. Deschide creveții ca pe o carte și întinde-i. Ștergeți vena (tractul digestiv al creveților) dacă este vizibilă și clătiți creveții sub apă rece, apoi ștergeți cu un prosop de hârtie. Pus deoparte.

c) Într-un wok, încălziți uleiul la foc mediu-mare la 375 ° F, sau până când bule și sfârâie în jurul capătului unei linguri de lemn. Prăjiți nucile până devin maro auriu, 3 până la 4 minute și, folosind un skimmer wok, transferați nucile pe o farfurie tapetată cu un prosop de hârtie. Dă deoparte și stinge focul.

d) Într-o cratiță mică, amestecați zahărul și apa și aduceți la fiert la foc mediu-mare, amestecând din când în când, până când zahărul se dizolvă. Reduceți focul la mediu și fierbeți pentru a reduce siropul timp de 5 minute, sau până când siropul este gros și lucios. Adăugați nucile și amestecați pentru a le acoperi complet cu sirop. Transferați nucile în foaia de copt pregătită și lăsați deoparte să se răcească. Zahărul trebuie să se întărească în jurul nucilor și să formeze o coajă confiată.

e) Într-un castron mic, amestecați maioneza, laptele condensat, oțetul de orez și un praf de sare. Pus deoparte.

f) Aduceți uleiul wok înapoi la 375 ° F la foc mediu-mare. Pe măsură ce uleiul se încălzește, asezonați ușor creveții cu un praf de sare. Într-un castron, amestecați creveții cu amidonul de porumb până când sunt bine acoperiți. Lucrând în reprize mici, scuturați excesul de amidon de porumb de pe creveți și prăjiți în ulei, mișcându-i repede în ulei pentru a nu se lipi. Prăjiți creveții timp de 2 până la 3 minute până când se rumenesc.

g) Transferați într-un castron curat și turnați sosul peste. Îndoiți ușor până când creveții sunt acoperiți uniform. Se aranjează creveții pe un platou și se ornează cu nucile confiate. Se serveste fierbinte.

33. Scoici catifelate

Ingrediente:

- 1 albus mare
- 2 linguri amidon de porumb
- 2 linguri de vin de orez Shaoxing, împărțit
- 1 lingurita sare kosher, impartita
- 1 kilogram de scoici de mare proaspete, clătite, îndepărtați mușchii și uscate
- 3 linguri ulei vegetal, împărțit
- 1 lingura sos de soia usor
- ¼ cană suc de portocale proaspăt stors
- Coaja rasă a unei portocale
- Fulgi de ardei roșu (opțional)
- 2 ceai, doar partea verde, felii subțiri, pentru ornat

Directii:

a) Într-un castron mare, combinați albușul de ou, amidonul de porumb, 1 lingură de vin de orez și ½ linguriță de sare și amestecați cu un tel mic până când amidonul de porumb se dizolvă complet și nu mai este cocoloși. Adăugați scoici și dați la frigider pentru 30 de minute.

b) Scoate scoicile din frigider. Aduceți o oală de mărime medie cu apă la fiert. Adăugați 1 lingură de ulei vegetal și reduceți la fiert. Adăugați scoicile în apa clocotită și gătiți timp de 15 până la 20 de secunde, amestecând continuu până când scoicile devin opace (scoicile nu vor fi complet gătite). Folosind un skimmer wok, transferați scoicile pe o foaie de copt căptușită cu un prosop de hârtie și uscați-le cu prosoape de hârtie.

c) Într-o cană de măsurare din sticlă, combinați 1 lingură rămasă de vin de orez, soia ușoară, sucul de portocale, coaja de portocală și un praf de fulgi de ardei roșu (dacă folosiți) și lăsați deoparte.

d) Încinge un wok la foc mediu-mare până când o picătură de apă sfârâie și se evaporă la contact. Turnați restul de 2 linguri de ulei și amestecați pentru a acoperi baza wok-ului. Se condimentează uleiul adăugând ½ linguriță de sare rămasă.

e) Adăugați scoicile catifelate în wok și amestecați în sos. Se prăjesc scoici până când sunt fierte, aproximativ 1 minut. Se transferă într-un vas de servire și se ornează cu ceai.

34. Fructe de mare și legume prăjite cu tăiței

Ingrediente:

- 1 cană ulei vegetal, împărțit
- 3 felii de ghimbir proaspăt decojite
- Sare cușer
- 1 ardei gras rosu, taiat in bucati de 1 inch
- 1 ceapă albă mică, tăiată în fâșii verticale subțiri, lungi
- 1 mână mare de mazăre de zăpadă, sforile îndepărtate
- 2 catei mari de usturoi, tocati marunt
- ½ kilogram de creveți sau pește, tăiați în bucăți de 1 inch
- 1 lingură Sos de fasole neagră
- ½ kilogram de tăiței de orez vermicelli uscati sau tăiței de fasole

Directii:

a) Încinge un wok la foc mediu-mare până când o picătură de apă sfârâie și se evaporă la contact. Turnați 2 linguri de ulei și amestecați pentru a acoperi baza wok-ului. Se condimentează uleiul adăugând feliile de ghimbir și un praf mic de sare. Lăsați ghimbirul să sfârâie în ulei timp de aproximativ 30 de secunde, rotind ușor.

b) Adăugați ardeiul gras și ceapa și prăjiți rapid, aruncându-le și răsturnându-le în wok folosind o spatulă wok.

c) Se condimentează ușor cu sare și se continuă să se prăjească timp de 4 până la 6 minute, până când ceapa pare moale și translucidă. Adăugați mazărea de zăpadă și usturoiul, aruncând și răsturnând până când usturoiul este parfumat, aproximativ încă un minut. Transferați legumele pe o farfurie.

d) Se încălzește încă 1 lingură de ulei și se adaugă creveții sau peștele. Se amestecă ușor și se condimentează ușor cu un praf mic de sare. Se prăjește timp de 3 până la 4 minute sau până când creveții devin roz sau peștele începe să se descuie. Întoarceți legumele și amestecați totul împreună încă 1 minut. Aruncați ghimbirul și transferați creveții pe un platou. Cort cu folie pentru a se menține cald.

e) Ștergeți wok-ul și reveniți la foc mediu-mare. Se toarnă uleiul rămas (aproximativ ¾ de cană) și se încălzește la 375 ° F, sau până când clocotește și sfârâie în jurul capătului unei linguri de lemn. De îndată ce uleiul ajunge la temperatură, adăugați tăițeii uscați. Vor începe imediat să umfle și să se ridice din ulei. Folosind clește, răsturnați norul de tăiței dacă trebuie să prăjiți blatul și scoateți cu grijă din ulei și transferați-l pe o farfurie tapetată cu un prosop de hârtie pentru a se scurge și a se răci.

f) Rupeți ușor tăițeii în bucăți mai mici și împrăștiați peste legumele și creveții prăjiți. Servi

35. Crab curry cu nucă de cocos

Ingrediente:

- 2 linguri ulei vegetal
- 2 felii de ghimbir proaspăt decojite, cam de mărimea unui sfert
- Sare cușer
- 1 șalotă, feliată subțire
- 1 lingură pudră de curry
- 1 cutie (13,5 uncii) de lapte de cocos
- $\frac{1}{4}$ lingurita zahar
- 1 lingură vin de orez Shaoxing
- Conserve de carne de crab de 1 kg, scursă și culesă pentru a îndepărta bucățile de coajă
- Piper negru proaspăt măcinat
- $\frac{1}{4}$ cană coriandru proaspăt tocat sau pătrunjel cu frunze plate, pentru ornat
- Orez fiert, pentru servire

Directii:

a) Încinge un wok la foc mediu-mare până când o picătură de apă sfârâie și se evaporă la contact. Turnați uleiul și amestecați pentru a acoperi baza wok-ului. Se condimentează uleiul adăugând feliile de ghimbir și un praf de sare. Lăsați ghimbirul să sfârâie în ulei timp de aproximativ 30 de secunde, rotind ușor.

b) Adăugați șalota și prăjiți timp de aproximativ 10 secunde. Adăugați pudra de curry și amestecați până se simte parfumat timp de încă 10 secunde.

c) Amestecați laptele de cocos, zahărul și vinul de orez, acoperiți wok-ul și gătiți timp de 5 minute.

d) Se amestecă crabul, se acoperă cu capac și se fierbe până se încălzește, aproximativ 5 minute. Scoateți capacul, reglați condimentul cu sare și piper și aruncați ghimbirul. Se pune deasupra unui bol de orez și se ornează cu coriandru tocat.

36. Calamar cu piper negru prăjit

Ingrediente:

- 3 căni de ulei vegetal
- Tuburi și tentacule de calmar de 1 kg, curățate și tuburi tăiate ⅓- inele inci
- ½ cană făină de orez
- Sare cușer
- ¼ de lingurita piper negru proaspat macinat
- ¾ de cană de apă spumante, păstrată la rece
- 2 linguri coriandru proaspăt tocat grosier

Directii:

a) Turnați uleiul în wok; uleiul ar trebui să fie de aproximativ 1 până la 1½ inci adâncime. Aduceți uleiul la 375 ° F la foc mediu-mare. Vă puteți da seama că uleiul este la temperatura potrivită când uleiul bule și sfârâie în jurul capătului unei linguri de lemn când este înmuiat. Uscați calmarul cu prosoape de hârtie.

b) Între timp, într-un vas puțin adânc, amestecați făina de orez cu un praf de sare și piper. Bateți cu apă spumante suficientă pentru a forma un aluat subțire. Îndoiți calmarul și, lucrând în reprize, ridicați calmarul din aluat folosind un skimmer wok sau o lingură cu fantă, scuturând orice exces. Pune cu grijă în uleiul fierbinte.

c) Gatiti calamarul aproximativ 3 minute, pana devin maro auriu si crocant. Folosind un skimmer wok, scoateți calamarii din ulei și transferați-le pe o farfurie tapetată cu un prosop de hârtie și asezonați ușor cu sare. Repetați cu calmarul rămas.

d) Transferați calmarul într-un platou și decorați cu coriandru. Se serveste fierbinte.

37. Stridii prăjite cu confetti chili-usturoi

Ingrediente:

- 1 recipient (16 uncii) cu stridii mici decojite
- ½ cană făină de orez
- ½ cană făină universală, împărțită
- ½ lingurita de praf de copt
- Sare cușer
- Piper alb măcinat
- ¼ lingurita praf de ceapa
- ¾ cană apă spumante, rece
- 1 lingurita ulei de susan
- 3 căni de ulei vegetal
- 3 catei mari de usturoi, feliati subtiri
- 1 chili roșu mic, tăiat mărunt
- 1 ardei iute verde mic, taiat marunt
- 1 ceapă, feliată subțire

Directii:

a) Într-un castron, amestecați făina de orez, ¼ de cană de făină universală, praful de copt, câte un praf de sare și piper alb și praf de ceapă. Adăugați apa spumoasă și uleiul de susan, amestecați până se omogenizează și lăsați deoparte.

b) Într-un wok, încălziți uleiul vegetal la foc mediu-mare la 375°F, sau până când clocotește și sfârâie în jurul capătului unei linguri de lemn.

c) Ștergeți stridiile cu un prosop de hârtie și introduceți restul de ¼ de cană de făină universală. Scufundați stridiile una câte una în aluatul de făină de orez și lăsați-le cu grijă în uleiul fierbinte.

d) Prăjiți stridiile timp de 3 până la 4 minute sau până când se rumenesc. Transferați pe un grătar de răcire de sârmă montat peste o foaie de copt pentru a se scurge. Stropiți ușor cu sare.

e) Reveniți temperatura uleiului la 375 ° F și prăjiți usturoiul și ardeiul iute pentru scurt timp până devin crocante, dar încă viu colorate, aproximativ 45 de secunde. Cu un skimmer de sârmă, scoateți uleiul și puneți-l pe o farfurie tapetată cu un prosop de hârtie.

f) Aranjați stridiile pe un platou și presărați peste usturoi și ardei iute. Se orneaza cu ceata taiata felii si se serveste imediat.

38. Pui "Kung Pao

Ingrediente:

- 3 lingurite sos de soia usor
- 2½ linguriţe amidon de porumb
- 2 linguriţe de oţet negru chinezesc
- 1 linguriţă de vin de orez Shaoxing
- 1 lingurita ulei de susan
- ¾ de liră dezosate, fără piele, pulpe de pui, tăiate în 1 inch
- 2 linguri ulei vegetal
- 6 până la 8 ardei iute roşii uscati întregi
- 3 ceai, părţi albe şi verzi separate, feliate subţiri
- 2 catei de usturoi, tocati
- 1 lingurita de ghimbir proaspat tocat decojit
- ¼ cană alune prăjite uscate nesărate

Directii:

a) Într-un castron mediu, amestecaţi soia uşoară, amidonul de porumb, oţetul negru, vinul de orez şi uleiul de susan până când amidonul de porumb este dizolvat. Adăugaţi puiul şi amestecaţi uşor pentru a se acoperi. Marinaţi timp de 10 până la 15 minute, sau suficient timp pentru a pregăti restul ingredientelor.

b) Încinge un wok la foc mediu-mare până când o picătură de apă sfârâie și se evaporă la contact. Turnați uleiul vegetal și amestecați pentru a acoperi baza wok-ului.

c) Adăugați ardeii iute și prăjiți timp de aproximativ 10 secunde, sau până când tocmai au început să se înnegrească și uleiul este ușor parfumat.

d) Adăugați puiul, rezervând marinada, și prăjiți timp de 3 până la 4 minute, până când nu mai devine roz.

e) Adăugați albusurile de ceață, usturoiul și ghimbirul și prăjiți timp de aproximativ 30 de secunde. Se toarnă marinada și se amestecă pentru a acoperi puiul. Aruncați alunele și gătiți încă 2-3 minute, până când sosul devine lucios.

f) Se transferă pe o farfurie de servire, se ornează cu verdeață de ceață și se servește fierbinte.

39. Pui cu broccoli

Ingrediente:

- 1 lingură vin de orez Shaoxing
- 2 lingurite sos de soia usor
- 1 lingurita de usturoi tocat
- 1 lingurita amidon de porumb
- ¼ lingurita zahar
- ¾ de kilogram de pulpe de pui dezosate și fără piele, tăiate în bucăți de 2 inci
- 2 linguri ulei vegetal
- 4 felii de ghimbir proaspăt decojite, cam de mărimea unui sfert
- Sare cușer
- 1 kilogram de broccoli, tăiat în buchețele de mărimea unei mușcături
- 2 linguri de apa
- Fulgi de ardei roșu (opțional)
- ¼ cană sos de fasole neagră sau sos de fasole neagră cumpărat din magazin

Directii:

a) Într-un castron mic, amestecați vinul de orez, soia ușoară, usturoiul, amidonul de porumb și zahărul. Adăugați puiul și marinați timp de 10 minute.

b) Încinge un wok la foc mediu-mare până când o picătură de apă sfârâie și se evaporă la contact. Turnați uleiul vegetal și amestecați pentru a acoperi baza wok-ului. Adăugați ghimbirul și un praf de sare. Lăsați ghimbirul să sfârâie aproximativ 30 de secunde, învârtindu-l ușor.

c) Transferați puiul în wok, aruncând marinada. Se prăjește puiul timp de 4 până la 5 minute, până când nu mai este roz. Adăugați broccoli, apa și un praf de fulgi de ardei roșu (dacă folosiți) și prăjiți timp de 1 minut. Acoperiți wok-ul și gătiți broccoli la abur timp de 6 până la 8 minute, până devine crocant și fraged.

d) Se amestecă sosul de fasole neagră până când este acoperit și încălzit, aproximativ 2 minute, sau până când sosul s-a îngroșat ușor și devine lucios.

e) Aruncați ghimbirul, transferați-l pe un platou și serviți fierbinte.

40. Pui cu coajă de mandarină

Ingrediente:

- 3 albusuri mari
- 2 linguri amidon de porumb
- 1½ linguriță sos de soia ușor, împărțit
- ¼ lingurita de piper alb macinat
- ¾ de kilogram de pulpe de pui dezosate și fără piele, tăiate în bucăți mici
- 3 căni de ulei vegetal
- 4 felii de ghimbir proaspăt decojite, fiecare de mărimea unui sfert
- 1 lingurita boabe de piper Sichuan, usor crapat
- Sare cușer
- ½ ceapă galbenă, tăiată subțire în fâșii de ¼ inch lățime
- Coaja unei mandarine, mărunțită în fâșii groase de ⅛ inch
- Suc de 2 mandarine (aproximativ ½ cană)
- 2 lingurite ulei de susan
- ½ linguriță de oțet de orez
- Zahăr brun deschis
- 2 cepți, feliați subțiri, pentru ornat

- 1 lingura de seminte de susan, pentru garnitura

Directii:

a) Într-un castron, cu o furculiță sau un tel, bate albușurile spumoase și până când bulgări mai strâns devin spumoase. Se amestecă amidonul de porumb, 2 lingurițe de soia ușoară și piper alb până se omogenizează bine. Încorporați puiul și marinați timp de 10 minute.

b) Turnați uleiul în wok; uleiul ar trebui să fie de aproximativ 1 până la 1½ inci adâncime. Aduceți uleiul la 375 ° F la foc mediu-mare. Puteți spune că uleiul este la temperatura potrivită atunci când scufundați capătul unei linguri de lemn în ulei. Dacă uleiul bule și sfârâie în jurul lui, uleiul este gata.

c) Folosind o lingură cu fantă sau un skimmer wok, ridicați puiul din marinadă și scuturați excesul. Pune cu grijă în uleiul fierbinte. Prăjiți puiul în loturi timp de 3 până la 4 minute sau până când puiul devine maro auriu și crocant la suprafață. Transferați pe o farfurie tapetată cu un prosop de hârtie.

d) Turnați tot, cu excepția unei linguri de ulei din wok și puneți-l la foc mediu-mare. Se rotește uleiul pentru a acoperi baza wok-ului. Se condimentează uleiul adăugând ghimbirul, boabele de piper și un praf de sare. Lăsați ghimbirul și boabele de piper să sfârâie în ulei timp de aproximativ 30 de secunde, rotind ușor.

e) Adăugați ceapa și prăjiți, amestecând și răsturnând cu o spatulă wok timp de 2 până la 3 minute, sau până când ceapa devine moale și translucidă. Adăugați coaja de mandarine și prăjiți încă un minut, sau până când este parfumat.

f) Adăugați sucul de mandarine, uleiul de susan, oțetul și un praf de zahăr brun. Aduceți sosul la fiert și fierbeți aproximativ 6 minute, până scade la jumătate. Ar trebui să fie siropos și foarte picant. Gustați și adăugați un praf de sare, dacă este necesar.

g) Opriți focul și adăugați puiul prăjit, amestecând să se îmbrace cu sosul. Transferați puiul într-un platou, aruncați ghimbirul și garniți cu ceai tăiați felii și semințele de susan. Se serveste fierbinte.

41. Pui Caju

PORȚII DE LA 4 LA 6

Ingrediente:

- 1 lingura sos de soia usor
- 2 lingurițe de vin de orez Shaoxing
- 2 lingurițe amidon de porumb
- 1 lingurita ulei de susan
- ½ linguriță boabe de piper Sichuan măcinat
- ¾ de lira dezosate, fără piele, pulpe de pui, tăiate în cuburi de 1 inch
- 2 linguri ulei vegetal
- Bucată de ½ inch ghimbir proaspăt tocat fin decojit
- Sare cușer
- ½ ardei gras rosu, taiat in bucati de ½ inch
- 1 dovlecel mic, tăiat în bucăți de ½ inch
- 2 catei de usturoi, tocati
- ½ cană de caju prăjite uscate nesărate
- 2 ceai, părți albe și verzi separate, feliate subțiri

Directii:

a) Într-un castron mediu, amestecați soia ușoară, vinul de orez, amidonul de porumb, uleiul de susan și ardeiul Sichuan. Adăugați puiul și amestecați ușor pentru a se acoperi. Se lasă la marinat 15 minute, sau suficient timp pentru a pregăti restul ingredientelor.

b) Încinge un wok la foc mediu-mare până când o picătură de apă sfârâie și se evaporă la contact. Turnați uleiul vegetal și amestecați pentru a acoperi baza wok-ului. Se condimentează uleiul adăugând ghimbir și un praf de sare. Lăsați ghimbirul să sfârâie în ulei timp de aproximativ 30 de secunde, rotind ușor.

c) Cu ajutorul cleștilor, ridicați puiul din marinată și transferați-l în wok, rezervând marinada. Se prăjește puiul timp de 4 până la 5 minute, până când nu mai este roz. Adăugați ardeiul gras roșu, dovlecelul și usturoiul și prăjiți timp de 2 până la 3 minute sau până când legumele sunt fragede.

d) Se toarnă marinada și se amestecă pentru a acoperi celelalte ingrediente. Aduceți marinada la fiert și continuați să prăjiți timp de 1 până la 2 minute, până când sosul devine gros și lucios. Se amestecă caju și se fierbe încă un minut.

e) Se transferă pe o farfurie de servire, se ornează cu ceai și se servește fierbinte.

42. Pui de catifea şi mazăre de zăpadă

Ingrediente:

- 2 albusuri mari
- 2 linguri amidon de porumb, plus 1 lingurita
- $\frac{3}{4}$ de kilogram de piept de pui dezosat și fără piele
- $3\frac{1}{2}$ linguri ulei vegetal, împărțit
- ⅓ ceașcă bulion de pui cu conținut scăzut de sodiu
- 1 lingură vin de orez Shaoxing
- Sare cușer
- Piper alb măcinat
- 4 felii de ghimbir proaspăt decojite
- 1 cutie (4 uncii) de muguri de bambus feliați, clătiți și scurși
- 3 catei de usturoi, tocati
- $\frac{3}{4}$ de kilogram de mazăre de zăpadă sau de mazăre de zahăr, sforile îndepărtate

Directii:

a) Într-un castron, cu o furculiță sau un tel, bate albușurile spumoase, iar bulgări mai strânși de albuș sunt spumoase. Se amestecă cele 2 linguri de amidon de porumb până se omogenizează bine și nu mai devine aglomerat. Încorporați puiul și 1 lingură de ulei vegetal și marinați.

b) Într-un castron mic, amestecați bulionul de pui, vinul de orez și 1 linguriță rămasă de amidon de porumb și condimentați cu câte un praf de sare și piper alb. Pus deoparte.

c) Aduceți o cratiță medie umplută cu apă la fiert la foc mare. Adăugați ½ lingură de ulei și reduceți focul la fiert. Folosind un skimmer wok sau o lingură cu fantă pentru a lăsa marinata să se scurgă, transferați puiul în apă clocotită. Amestecați puiul, astfel încât bucățile să nu se aglomereze. Gătiți timp de 40 până la 50 de secunde, până când puiul este alb la exterior, dar nu este gătit complet. Scurgeți puiul într-o strecurătoare și scuturați excesul de apă. Aruncați apa fierbinte.

d) Încinge un wok la foc mediu-mare până când o picătură de apă sfârâie și se evaporă la contact. Turnați restul de 2 linguri de ulei și amestecați pentru a acoperi baza wok-ului. Se condimentează uleiul adăugând feliile de ghimbir și sare. Lăsați ghimbirul să sfârâie în ulei timp de aproximativ 30 de secunde, rotind ușor.

e) Adăugați lăstarii de bambus și usturoiul și, folosind o spatulă wok, amestecați-le cu ulei și gătiți până se parfumează, aproximativ 30 de secunde. Adăugați mazărea de zăpadă și prăjiți timp de aproximativ 2 minute până când este verde strălucitor și devine fraged. Adăugați puiul în wok și amestecați amestecul de sos. Se amestecă pentru a se acoperi și se continuă gătitul timp de 1 până la 2 minute.

f) Transferați pe un platou și aruncați ghimbirul. Se serveste fierbinte.

43. Pui și legume cu sos de fasole neagră

Ingrediente:

- 1 lingura sos de soia usor
- 1 lingurita ulei de susan
- 1 lingurita amidon de porumb
- ¾ de kilogram de pulpe de pui dezosate și fără piele, tăiate în bucăți mici
- 3 linguri ulei vegetal, împărțit
- 1 felie de ghimbir proaspăt curățată, cam de mărimea unui sfert
- Sare cușer
- 1 ceapă galbenă mică, tăiată în bucăți mici
- ½ ardei gras roșu, tăiat în bucăți mici
- ½ ardei gras galben sau verde, tăiat în bucăți mici
- 3 catei de usturoi, tocati
- ⅓ cană sos de fasole neagră sau sos de fasole neagră cumpărat din magazin

Directii:

a) Într-un castron mare, amestecați soia ușoară, uleiul de susan și amidonul de porumb până când amidonul de porumb se dizolvă. Adăugați puiul și amestecați pentru a se îmbrăca în marinadă. Pune puiul deoparte la marinat timp de 10 minute.

b) Încinge un wok la foc mediu-mare până când o picătură de apă sfârâie și se evaporă la contact. Turnați 2 linguri de ulei vegetal și amestecați pentru a acoperi baza wok-ului. Se condimentează uleiul adăugând ghimbir și un praf de sare. Lăsați ghimbirul să sfârâie în ulei timp de aproximativ 30 de secunde, rotind ușor.

c) Transferați puiul în wok și aruncați marinada. Lăsați bucățile să se prăjească în wok timp de 2 până la 3 minute. Întoarceți pentru a se prăji pe cealaltă parte pentru încă 1 până la 2 minute. Se prăjește aruncând și răsturnând rapid în wok încă 1 minut. Transferați într-un bol curat.

d) Adăugați 1 lingură de ulei rămasă și amestecați ceapa și ardeiul gras. Se prăjește rapid timp de 2 până la 3 minute, aruncând și răsturnând legumele cu o spatulă wok până când ceapa arată translucidă, dar este încă fermă ca textură. Adăugați usturoiul și prăjiți încă 30 de secunde.

e) Reveniți puiul în wok și adăugați sosul de fasole neagră. Se amestecă și se răstoarnă până când puiul și legumele sunt acoperite.

f) Transferați pe un platou, aruncați ghimbirul și serviți fierbinte.

44. Pui cu fasole verde

Ingrediente:

- ¾ de kilograme de pulpe de pui dezosate și fără piele, tăiate peste bob în fâșii de mărimea unei mușcături
- 3 linguri de vin de orez Shaoxing, împărțit
- 2 lingurițe amidon de porumb
- Sare cușer
- fulgi de ardei roșu
- 3 linguri ulei vegetal, împărțit
- 4 felii de ghimbir proaspăt decojite, fiecare de mărimea unui sfert
- ¾ de kilogram de fasole verde, tăiată și tăiată la jumătate pe diagonală
- 2 linguri sos de soia usor
- 1 lingura otet de orez condimentat
- ¼ cană migdale felii, prăjite
- 2 lingurite ulei de susan

Directii:

a) Într-un castron, combinați puiul cu 1 lingură de vin de orez, amidon de porumb, un praf mic de sare și un praf de fulgi de ardei roșu. Se amestecă pentru a acoperi uniform puiul. Marinați timp de 10 minute.

b) Încinge un wok la foc mediu-mare până când o picătură de apă sfârâie și se evaporă la contact. Turnați 2 linguri de ulei vegetal și amestecați pentru a acoperi baza wok-ului. Se condimentează uleiul adăugând ghimbir și un praf mic de sare. Lăsați ghimbirul să sfârâie în ulei timp de aproximativ 30 de secunde, rotind ușor.

c) Adăugați puiul și marinada în wok și prăjiți timp de 3 până la 4 minute, sau până când puiul este ușor prăjit și nu mai este roz. Transferați într-un bol curat și lăsați deoparte.

d) Adăugați 1 lingură rămasă de ulei vegetal și prăjiți fasolea verde timp de 2 până la 3 minute sau până când devin verde strălucitor. Întoarceți puiul în wok și amestecați. Adăugați restul de 2 linguri de vin de orez, soia ușoară și oțet. Amestecați pentru a se combina și acoperiți și lăsați fasolea verde să fiarbă încă 3 minute sau până când fasolea verde este fragedă. Scoateți ghimbirul și aruncați-l.

e) Se aruncă migdalele și se transferă pe un platou. Stropiți cu ulei de susan și serviți fierbinte.

45. Pui în sos de susan

Ingrediente:

- 3 albusuri mari
- 3 linguri de amidon de porumb, împărțit
- 1½ linguriță sos de soia ușor, împărțit
- 1 kilogram de pulpe de pui dezosate și fără piele, tăiate în bucăți mici
- 3 căni de ulei vegetal
- 3 felii de ghimbir proaspăt decojite, fiecare de mărimea unui sfert
- Sare cușer
- fulgi de ardei rosu
- 3 catei de usturoi, tocati grosier
- ¼ cană supă de pui cu conținut scăzut de sodiu
- 2 linguri ulei de susan
- 2 cepți, feliați subțiri, pentru ornat
- 1 lingura de seminte de susan, pentru garnitura

Directii:

a) Într-un castron, cu o furculiță sau un tel, bate albușurile spumoase, iar bulgări mai strânși de albuș sunt spumoase. Amestecați 2 linguri de amidon de porumb și 2 lingurițe de soia ușoară până se omogenizează bine. Încorporați puiul și marinați timp de 10 minute.

b) Turnați uleiul în wok; uleiul ar trebui să fie de aproximativ 1 până la 1½ inci adâncime. Aduceți uleiul la 375 ° F la foc mediu-mare. Puteți spune că uleiul este la temperatura potrivită atunci când scufundați capătul unei linguri de lemn în ulei. Dacă uleiul bule și sfârâie în jurul lui, uleiul este gata.

c) Folosind o lingură cu fantă sau un skimmer wok, ridicați puiul din marinadă și scuturați excesul. Pune cu grijă în uleiul fierbinte. Prăjiți puiul în loturi timp de 3 până la 4 minute sau până când puiul devine maro auriu și crocant la suprafață. Transferați pe o farfurie tapetată cu un prosop de hârtie.

d) Turnați tot, cu excepția unei linguri de ulei din wok și puneți-l la foc mediu-mare. Se rotește uleiul pentru a acoperi baza wok-ului. Se condimentează uleiul adăugând ghimbirul și un praf de sare și fulgi de piper roșu. Lăsați fulgii de ghimbir și piper să sfârâie în ulei timp de aproximativ 30 de secunde, învârtindu-se ușor.

e) Adăugați usturoiul și prăjiți, amestecând și răsturnând cu o spatulă wok timp de 30 de secunde. Se amestecă bulionul de pui, 2½ lingurițe de soia ușoară și 1 lingură rămasă de amidon de porumb. Se fierbe timp de 4 până la 5 minute, până când sosul se îngroașă și devine lucios. Adăugați uleiul de susan și amestecați pentru a se combina.

f) Opriți focul și adăugați puiul prăjit, amestecând să se îmbrace cu sosul. Scoateți ghimbirul și aruncați-l. Se transferă pe un platou și se ornează cu ceai tăiat felii și semințele de susan.

46. Pui dulce-acrișor

Ingrediente:

- 2 lingurițe de amidon de porumb și 2 linguri de apă
- 3 linguri ulei vegetal, împărțit
- 4 felii de ghimbir proaspăt decojite
- ¾ de kilogram de pulpe de pui dezosate și fără piele, tăiate în bucăți
- ½ ardei gras rosu, taiat in bucati de ½ inch
- ½ ardei gras verde, tăiat în bucăți de ½ inch
- ½ ceapă galbenă, tăiată în bucăți de ½ inch
- 1 cutie (8 uncii) bucăți de ananas, scurse, sucurile rezervate
- 1 cutie (4 uncii) de castane de apă feliate, scurse
- ¼ cană supă de pui cu conținut scăzut de sodiu
- 2 linguri de zahar brun deschis
- 2 linguri otet de mere
- 2 linguri de ketchup
- 1 lingurita sos Worcestershire
- 3 cepți, feliați subțiri, pentru ornat

Directii:

a) Într-un castron mic, amestecați amidonul de porumb și apa și lăsați deoparte.

b) Încinge un wok la foc mediu-mare până când o picătură de apă sfârâie și se evaporă la contact. Turnați 2 linguri de ulei și amestecați pentru a acoperi baza wok-ului. Se condimentează uleiul adăugând ghimbir și un praf de sare. Lăsați ghimbirul să sfârâie în ulei timp de aproximativ 30 de secunde, rotind ușor.

c) Adăugați puiul și prăjiți în wok timp de 2 până la 3 minute. Întoarceți și aruncați puiul, prăjindu-l încă aproximativ 1 minut sau până când nu mai este roz. Transferați într-un bol și lăsați deoparte.

d) Adăugați 1 lingură rămasă de ulei și amestecați pentru a se acoperi. Se prăjesc ardeii gras roșii și verzi și ceapa timp de 3 până la 4 minute, până când sunt moale și translucide. Adăugați ananasul și castanele de apă și continuați să prăjiți încă un minut. Adăugați legumele în pui și lăsați deoparte.

e) Turnați sucul de ananas rezervat, bulionul de pui, zahărul brun, oțetul, ketchup-ul și sosul Worcestershire în wok și aduceți la fierbere. Țineți focul pe mediu-mare și gătiți aproximativ 4 minute, până când lichidul scade la jumătate.

f) Puneți puiul și legumele în wok și amestecați pentru a le combina cu sosul. Amestecați rapid amestecul de amidon de porumb și apă și adăugați-l în wok. Aruncați și răsturnați totul până când amidonul de porumb începe să îngroașe sosul, devenind lucios.

g) Aruncați ghimbirul, transferați-l pe un platou, ornați cu ceai și serviți fierbinți.

47. Se prăjește ouă de roșii

Ingrediente:

- 4 oua mari, la temperatura camerei
- 1 linguriță de vin de orez Shaoxing
- ½ lingurita ulei de susan
- ½ lingurita sare kosher
- Piper negru proaspăt măcinat
- 3 linguri ulei vegetal, împărțit
- 2 felii de ghimbir proaspăt decojite, fiecare de mărimea unui sfert
- 1 kilogram de struguri sau roșii cherry
- 1 lingurita zahar
- Orez fiert sau tăiței, pentru servire

Directii:

a) Într-un castron mare, bateți ouăle. Adăugați vinul de orez, uleiul de susan, sare și un praf de piper și continuați să amestecați până când se omogenizează.

b) Încinge un wok la foc mediu-mare până când o picătură de apă sfârâie și se evaporă la contact. Turnați 2 linguri de ulei vegetal și amestecați pentru a acoperi baza wok-ului. Învârtiți amestecul de ouă în wok-ul fierbinte. Se rotește și se agită ouăle pentru a le găti. Transferați ouăle pe o farfurie de servire când sunt doar fierte, dar nu uscate. Cort cu folie pentru a se menține cald.

c) Adăugați restul de 1 lingură de ulei vegetal în wok. Se condimentează uleiul adăugând ghimbir și un praf de sare. Lăsați ghimbirul să sfârâie în ulei timp de aproximativ 30 de secunde, rotind ușor.

d) Adăugați roșiile și zahărul, amestecând pentru a se acoperi cu ulei. Acoperiți și gătiți aproximativ 5 minute, amestecând din când în când, până când roșiile sunt moi și și-au eliberat sucul. Aruncați feliile de ghimbir și asezonați roșiile cu sare și piper.

e) Puneti rosiile peste oua si serviti peste orez fiert sau taitei.

48. Aripioare de pui prăjite la pachet chinezesc

Ingrediente:

- 10 aripioare de pui întregi, spălate și uscate
- 1/8 lingurita piper negru
- 1/4 lingurita piper alb
- ¼ linguriță de usturoi pudră
- 1 lingurita sare
- ½ lingurita zahar
- 1 lingura sos de soia
- 1 lingură vin Shaoxing
- 1 lingurita ulei de susan
- 1 ou
- 1 lingura amidon de porumb
- 2 linguri de faina
- ulei, pentru prajit

Directii:

a) Combinați toate ingredientele (cu excepția uleiului de prăjit, desigur) într-un castron mare. Se amestecă totul până când aripioarele sunt bine acoperite.
b) Lăsați aripile la marinat timp de 2 ore la temperatura camerei sau la frigider peste noapte pentru cele mai bune rezultate.
c) După marinare, dacă pare că există lichid în aripi, asigurați-vă că le amestecați bine din nou. Aripile ar trebui să fie bine acoperite cu un strat subțire de aluat. Dacă încă pare prea apos, mai adăugați puțin amidon de porumb și făină.

d) Umpleți o oală medie cu ulei la aproximativ 2/3 din volum și încălziți-o la 325 de grade F.
e) Prăjiți aripioarele în cantități mici timp de 5 minute și scoateți-le într-o tavă tapetată cu prosoape de hârtie. După ce toate aripioarele s-au prăjit, readuceți-le în loturi în ulei și prăjiți din nou timp de 3 minute.
f) Scurgeți-l pe prosoape de hârtie sau pe un suport de răcire și serviți cu sos iute!

49. Pui thailandez cu busuioc

PORȚII 4

Ingrediente:

- 3 până la 4 linguri ulei
- 3 păsări thailandeze sau ardei iute din Olanda
- 3 salote, feliate subtiri
- 5 catei de usturoi, taiati felii
- 1 kilogram de pui măcinat
- 2 linguri de zahar sau miere
- 2 linguri sos de soia
- 1 lingura sos de peste
- ⅓ ceașcă bulion de pui cu conținut scăzut de sodiu sau apă
- 1 buchet de busuioc sfânt sau frunze de busuioc thailandez

Directii:

a) Intr-un wok la foc iute, adauga uleiul, ardeii iute, salota si usturoiul si se prajesc 1-2 minute.
b) Adăugați puiul măcinat și prăjiți timp de 2 minute, împărțind puiul în bucăți mici.
c) Adăugați zahărul, sosul de soia și sosul de pește. Se prăjește încă un minut și se dezmelează tigaia cu bulionul. Deoarece tigaia este la foc mare, lichidul ar trebui să se gătească foarte repede.
d) Se adaugă busuiocul și se prăjește până se ofilește.
e) Serviți peste orez.

50. Burtă de porc înăbușită

Ingrediente:

- 3/4 lb. de burtă slabă de porc, pe piele
- 2 linguri ulei
- 1 lingură de zahăr (se preferă zahărul rock dacă îl aveți)
- 3 linguri de vin Shaoxing
- 1 lingura sos de soia obisnuit
- ½ lingură sos de soia închis la culoare
- 2 căni de apă

Directii:

a) Începeți prin a tăia burta de porc în bucăți groase de 3/4 inci.
b) Aduceți o oală cu apă la fiert. Albește bucățile de burtă de porc pentru câteva minute. Acest lucru scapă de impurități și începe procesul de gătit. Scoateți carnea de porc din oală, clătiți și lăsați deoparte.
c) La foc mic, adaugă uleiul și zahărul în wok. Topiți puțin zahărul și adăugați carnea de porc. Ridicați focul la mediu și gătiți până când carnea de porc se rumenește ușor.
d) Reduceți căldura la minim și adăugați vin de gătit Shaoxing, sos de soia obișnuit, sos de soia închis la culoare și apă.
e) Acoperiți și fierbeți timp de aproximativ 45 de minute până la 1 oră până când carnea de porc este fragedă. La fiecare 5-10 minute, amestecați pentru a preveni arderea și adăugați mai multă apă dacă se usucă prea mult.
f) Odată ce carnea de porc este fragedă, dacă încă mai este mult lichid vizibil, descoperiți wok-ul, măriți focul și

amestecați continuu până când sosul s-a redus la un strat strălucitor.

51. Se prăjește cu roșii și carne de vită

Ingrediente:

- Friptură de flanc de ¾ de lire sau de fustă, tăiată împotriva bobului în felii groase de ¼ inch
- 1½ linguriță de amidon de porumb, împărțit
- 1 lingură vin de orez Shaoxing
- Sare cușer
- Piper alb măcinat
- 1 lingura pasta de rosii
- 2 linguri sos de soia usor
- 1 lingurita ulei de susan
- 1 lingurita zahar
- 2 linguri de apa
- 2 linguri ulei vegetal
- 4 felii de ghimbir proaspăt decojite, fiecare de mărimea unui sfert
- 1 șalotă mare, feliată subțire
- 2 catei de usturoi, tocati marunt
- 5 roșii mari, fiecare tăiată în 6 felii
- 2 ceai, părți albe și verzi separate, feliate subțiri

Directii:

a) Într-un castron mic, amestecați carnea de vită cu 1 lingură de amidon de porumb, vin de orez și câte un praf mic de sare și piper alb. Se lasa deoparte 10 minute.

b) Într-un alt castron mic, amestecați $\frac{1}{2}$ lingură rămasă de amidon de porumb, pastă de roșii, soia ușoară, ulei de susan, zahăr și apă. Pus deoparte.

c) Încinge un wok la foc mediu-mare până când o picătură de apă sfârâie și se evaporă la contact. Turnați uleiul vegetal și amestecați pentru a acoperi baza wok-ului. Se condimentează uleiul adăugând ghimbir și un praf de sare. Lăsați ghimbirul să sfârâie în ulei timp de aproximativ 30 de secunde, rotind ușor.

d) Transferați carnea de vită în wok și prăjiți timp de 3 până la 4 minute, până când nu mai devine roz. Adăugați șalota și usturoiul și prăjiți timp de 1 minut. Adăugați roșiile și albusurile de ceață și continuați să prăjiți.

e) Amestecați sosul și continuați să prăjiți timp de 1 până la 2 minute sau până când carnea de vită și roșiile sunt acoperite și sosul s-a îngroșat ușor.

f) Aruncă ghimbirul, transferă-l pe un platou și ornează cu verdeață de ceață. Se serveste fierbinte.

52. Carne de vită și broccoli

Ingrediente:

- Friptură de ¾ de liră, tăiată peste bob în felii groase de ¼ inch
- 1 lingura de bicarbonat de sodiu
- 1 lingura amidon de porumb
- 4 linguri de apă, împărțite
- 2 linguri sos de stridii
- 2 linguri vin de orez Shaoxing
- 2 lingurite de zahar brun deschis
- 1 lingura sos hoisin
- 2 linguri ulei vegetal
- 4 felii de ghimbir proaspăt decojite, cam de mărimea unui sfert
- Sare cușer
- 1 kilogram de broccoli, tăiat în buchețele de mărimea unei mușcături
- 2 catei de usturoi, tocati marunt

Directii:

a) Într-un castron mic, amestecați împreună carnea de vită și bicarbonatul de sodiu pentru a acoperi. Se lasa deoparte 10 minute. Clătiți extrem de bine carnea de vită și apoi uscați-o cu prosoape de hârtie.

b) Într-un alt castron mic, amestecați amidonul de porumb cu 2 linguri de apă și amestecați sosul de stridii, vinul de orez, zahărul brun și sosul hoisin. Pus deoparte.

c) Încinge un wok la foc mediu-mare până când o picătură de apă sfârâie și se evaporă la contact. Turnați uleiul și amestecați pentru a acoperi baza wok-ului. Se condimentează uleiul adăugând ghimbir și un praf de sare. Lăsați ghimbirul să sfârâie în ulei timp de aproximativ 30 de secunde, rotind ușor. Adăugați carnea de vită în wok și prăjiți timp de 3 până la 4 minute, până când nu mai devine roz. Transferați carnea de vită într-un bol și lăsați-o deoparte.

d) Adăugați broccoli și usturoiul și prăjiți timp de 1 minut, apoi adăugați restul de 2 linguri de apă. Acoperiți wok-ul și gătiți broccoli la abur timp de 6 până la 8 minute, până devine crocant și fraged.

e) Reveniți carnea de vită în wok și amestecați sosul timp de 2 până la 3 minute, până când este complet acoperit și sosul s-a îngroșat ușor. Aruncați ghimbirul, transferați-l pe un platou și serviți fierbinte.

53. Se prăjește carne de vită cu piper negru

Ingrediente:

- 1 lingura sos de stridii
- 1 lingură vin de orez Shaoxing
- 2 lingurițe amidon de porumb
- 2 lingurite sos de soia usor
- Piper alb măcinat
- ¼ lingurita zahar
- ¾ de kilogram de mușchi de vită sau vârfuri de mușchi, tăiate în bucăți de 1 inch
- 3 linguri ulei vegetal
- 3 felii de ghimbir proaspăt decojite, fiecare de mărimea unui sfert
- Sare cușer
- 1 ardei gras verde, tăiat în fâșii de ½ inch lățime
- 1 ceapă roșie mică, tăiată subțire fâșii
- 1 lingurita piper negru proaspat macinat sau mai mult dupa gust
- 2 lingurite ulei de susan

Directii:

a) Într-un castron, amestecați sosul de stridii, vinul de orez, amidonul de porumb, soia ușoară, un praf de piper alb și zahărul. Aruncă carnea de vită pentru a se acoperi și la marinat timp de 10 minute.

b) Încinge un wok la foc mediu-mare până când o picătură de apă sfârâie și se evaporă la contact. Turnați uleiul vegetal și amestecați pentru a acoperi baza wok-ului. Adăugați ghimbirul și un praf de sare. Lăsați ghimbirul să sfârâie în ulei timp de aproximativ 30 de secunde, rotind ușor.

c) Folosind clești, transferați carnea de vită în wok și aruncați orice marinată rămasă. Se prăjește pe wok timp de 1 până la 2 minute sau până când se formează o crustă maronie prăjită. Întoarceți carnea de vită și prăjiți pe cealaltă parte, încă 2 minute. Se prăjește, se aruncă și se răstoarnă în wok pentru încă 1 până la 2 minute, apoi transferă carnea de vită într-un castron curat.

d) Adăugați ardeiul gras și ceapa și prăjiți timp de 2 până la 3 minute, sau până când legumele par strălucitoare și fragede. Întoarceți carnea de vită în wok, adăugați piperul negru și prăjiți împreună încă 1 minut.

e) Aruncați ghimbirul, transferați-l pe un platou și stropiți deasupra ulei de susan. Se serveste fierbinte.

54. Carne de susan

Ingrediente:

- 1 lingura sos de soia usor
- 2 linguri ulei de susan, împărțit
- 2 lingurițe de amidon de porumb, împărțit
- Umeraș de 1 kg, fustă sau friptură de fier plat, tăiate în fâșii de ¼ inch grosime
- ½ cană suc de portocale proaspăt stors
- ½ linguriță de oțet de orez
- 1 lingurita sriracha (optional)
- 1 lingurita zahar brun deschis
- Sare cușer
- Piper negru proaspăt măcinat
- 3 linguri ulei vegetal, împărțit
- 4 felii de ghimbir proaspăt decojite, fiecare de mărimea unui sfert
- 1 ceapă galbenă mică, feliată subțire
- 3 catei de usturoi, tocati
- ½ lingurita de seminte albe de susan, pentru garnitura

Directii:

a) Într-un castron mare, amestecați soia ușoară, 1 lingură de ulei de susan și 1 linguriță de amidon de porumb până când amidonul de porumb se dizolvă. Adăugați carnea de vită și amestecați-o în marinadă. Dați deoparte la marinat timp de 10 minute în timp ce pregătiți sosul.

b) Într-o cană de măsurare din sticlă, amestecați sucul de portocale, 1 lingură rămasă de ulei de susan, oțet de orez, sriracha (dacă este folosit), zahăr brun, 1 linguriță rămasă de amidon de porumb și câte un praf de sare și piper. Se amestecă până când amidonul de porumb se dizolvă și se pune deoparte.

c) Încinge un wok la foc mediu-mare până când o picătură de apă sfârâie și se evaporă la contact. Turnați 2 linguri de ulei vegetal și amestecați pentru a acoperi baza wok-ului. Se condimentează uleiul adăugând ghimbir și un praf de sare. Lăsați ghimbirul să sfârâie în ulei timp de aproximativ 30 de secunde, rotind ușor.

d) Folosind clești, transferați carnea de vită în wok și aruncați marinada. Lăsați bucățile să se prăjească în wok timp de 2 până la 3 minute. Întoarceți pentru a se prăji pe cealaltă parte pentru încă 1 până la 2 minute. Se prăjește aruncând și răsturnând rapid în wok încă 1 minut. Transferați într-un bol curat.

e) Adăugați 1 lingură rămasă de ulei vegetal și amestecați ceapa. Se prăjește rapid, aruncând și răsturnând ceapa cu o spatulă wok timp de 2 până la 3 minute, până când ceapa pare translucidă, dar este încă fermă ca textură. Adăugați usturoiul și prăjiți încă 30 de secunde.

f) Învârtiți sosul și continuați să gătiți până când sosul începe să se îngroașe. Întoarceți carnea de vită în wok, aruncând și răsturnând astfel încât carnea de vită și ceapa să fie acoperite cu sos. Se asezoneaza dupa gust cu sare si piper.

g) Transferați pe un platou, aruncați ghimbirul, stropiți cu semințele de susan și serviți fierbinte.

55. Carne de vită mongolă

Ingrediente:

- 2 linguri vin de orez Shaoxing
- 1 lingură sos de soia închis la culoare
- 1 lingură amidon de porumb, împărțit
- Friptură de ¾ de liră, tăiată împotriva cerealelor în felii groase de ¼ inch
- ¼ cană supă de pui cu conținut scăzut de sodiu
- 1 lingura zahar brun deschis
- 1 cană ulei vegetal
- 4 sau 5 ardei iute chinezesc roșu uscat întreg
- 4 catei de usturoi, tocati grosier
- 1 lingurita de ghimbir proaspat tocat marunt
- ½ ceapă galbenă, tăiată subțire
- 2 linguri coriandru proaspăt tocat grosier

Directii:

a) Într-un castron, amestecați vinul de orez, soia neagră și 1 lingură de amidon de porumb. Adăugați friptura de flanc feliată și amestecați pentru a se acoperi. Se lasa deoparte si se lasa la marinat 10 minute.

b) Turnați uleiul într-un wok și aduceți-l la 375°F la foc mediu-mare. Puteți spune că uleiul este la temperatura potrivită atunci când scufundați capătul unei linguri de lemn în ulei. Dacă uleiul bule și sfârâie în jurul lui, uleiul este gata.

c) Ridicați carnea de vită din marinată, rezervând marinada. Adăugați carnea de vită în ulei și prăjiți timp de 2 până la 3 minute, până când capătă o crustă aurie. Folosind un skimmer wok, transferați carnea de vită într-un castron curat și lăsați deoparte. Adăugați bulionul de pui și zahărul brun în vasul pentru marinată și amestecați pentru a se combina.

d) Turnați tot, cu excepția unei linguri de ulei din wok și puneți-l la foc mediu-mare. Adăugați ardeii iute, usturoiul și ghimbirul. Lăsați aromaticele să sfârâie în ulei timp de aproximativ 10 secunde, învârtindu-le ușor.

e) Se adaugă ceapa și se prăjește timp de 1 până la 2 minute sau până când ceapa este moale și translucidă. Adăugați amestecul de supă de pui și amestecați pentru a se combina. Se fierbe aproximativ 2 minute, apoi se adaugă carnea de vită și se mai amestecă totul pentru încă 30 de secunde.

f) Se transferă pe un platou, se ornează cu coriandru și se servește fierbinte.

56. Carne de vită Sichuan cu țelină și morcovi

Ingrediente:

- 2 linguri vin de orez Shaoxing
- 1 lingură sos de soia închis la culoare
- 2 lingurite ulei de susan
- Friptură de ¾ de lire în flanc sau fustă, tăiată împotriva bobului
- 1 lingura sos hoisin
- 2 lingurite sos de soia usor
- 2 linguri de amidon de porumb, împărțit
- ¼ de linguriță de praf de cinci condimente chinezești
- 1 lingurita boabe de piper Sichuan, zdrobite
- 4 felii de ghimbir proaspăt decojite
- 3 catei de usturoi, usor macinati
- 2 tulpini de țelină, tăiate în juliană în fâșii de 3 inci
- 1 morcov mare, decojit și tăiat julien în fâșii de 3 inci
- 2 ceai, feliați subțiri

Directii:

a) Într-un castron, amestecați vinul de orez, soia neagră și uleiul de susan.

b) Adăugați carnea de vită și amestecați pentru a o combina. Se lasa deoparte 10 minute.

c) Într-un castron mic, combinați sosul hoisin, soia ușoară, apa, 1 lingură de amidon de porumb și cinci pulbere de condimente. Pus deoparte.

d) Încinge un wok la foc mediu-mare până când o picătură de apă sfârâie și se evaporă la contact. Turnați uleiul vegetal și amestecați pentru a acoperi baza wok-ului. Se condimentează uleiul adăugând boabele de piper, ghimbir și usturoi. Lăsați aromaticele să sfârâie în ulei timp de aproximativ 10 secunde, învârtindu-le ușor.

e) Se amestecă carnea de vită în 1 lingură rămasă de amidon de porumb pentru a o acoperi și se adaugă în wok. Se prăjește carnea de vită pe partea laterală a wok-ului timp de 1 până la 2 minute sau până când se formează o crustă prăjită de culoare maro-aurie. Întoarceți și prăjiți pe cealaltă parte încă un minut. Se amestecă și se răstoarnă încă aproximativ 2 minute, până când carnea de vită nu mai devine roz.

f) Mutați carnea de vită pe părțile laterale ale wok-ului și adăugați țelina și morcovul în centru. Se prăjește, aruncând și răsturnând până când legumele sunt fragede, încă 2-3 minute. Amestecați amestecul de sos hoisin și turnați în wok. Continuați să prăjiți, acoperind carnea de vită și legumele cu sosul timp de 1 până la 2 minute, până când sosul începe să se îngroașe și devine lucios. Scoateți ghimbirul și usturoiul și aruncați-le.

57. Ceşti cu salată verde Hoisin

Ingrediente:

- ¾ de kilogram de carne de vită
- 2 lingurițe amidon de porumb
- Sare cușer
- Piper negru proaspăt măcinat
- 3 linguri ulei vegetal, împărțit
- 1 lingura de ghimbir decojit tocat fin
- 2 catei de usturoi, tocati marunt
- 1 morcov, decojit și tăiat julien
- 1 cutie (4 uncii) de castane de apă tăiate cubulețe, scurse și clătite
- 2 linguri sos hoisin
- 3 ceai, părți albe și verzi separate, feliate subțiri
- 8 frunze late de salată iceberg (sau Bibb), tăiate în cupe rotunde.

Directii:

a) Într-un castron, presară carnea de vită cu amidon de porumb și câte un praf de sare și piper. Se amestecă bine pentru a se combina.

b) Se încălzește un wok la foc mediu-mare până când o sferă de apă sfârâie și se evaporă la contact. Turnați 2 linguri de ulei și amestecați pentru a acoperi baza wok-ului. Se adaugă carnea de vită și se rumenește pe ambele părți, apoi se amestecă și se răstoarnă, împărțind carnea de vită în firimituri și bulgări timp de 3 până la 4 minute, până când carnea de vită nu mai devine roz. Transferați carnea de vită într-un castron curat și lăsați deoparte.

c) Șterge wok-ul și pune-l la foc mediu. Adăugați 1 lingură de ulei rămasă și prăjiți rapid ghimbirul și usturoiul cu un praf de sare. De îndată ce usturoiul este parfumat, aruncați morcovul și castanele de apă timp de 2-3 minute, până când morcovul devine fraged. Reduceți focul la mediu, întoarceți carnea de vită în wok și amestecați cu sosul hoisin și albușurile de ceață. Se amestecă pentru a se combina, aproximativ 45 de secunde.

d) Întindeți frunzele de salată, câte 2 pe farfurie și împărțiți uniform amestecul de vită între frunzele de salată. Ornați cu verdeață de ceai verde și mâncați ca un taco moale.

58. Cotlete de porc prăjite cu ceapă

Ingrediente:

- 4 cotlete de porc dezosate
- 1 lingură vin Shaoxing
- ½ linguriță piper negru proaspăt măcinat
- Sare cușer
- 3 căni de ulei vegetal
- 2 linguri amidon de porumb
- 3 felii de ghimbir proaspăt decojite, fiecare de mărimea unui sfert
- 1 ceapă galbenă medie, feliată subțire
- 2 catei de usturoi, tocati marunt
- 2 linguri sos de soia usor
- 1 lingurita sos de soia inchis la culoare
- ½ linguriță oțet de vin roșu
- Zahăr

Directii:

a) Toarnă cotletele de porc cu un ciocan de carne până când au o grosime de ½ inch. Se pune intr-un castron si se condimenteaza cu vin de orez, piper si un praf mic de sare. Marinați timp de 10 minute.

b) Turnați uleiul în wok; uleiul ar trebui să fie de aproximativ 1 până la 1½ inci adâncime. Aduceți uleiul la 375 °F la foc mediu-mare. Puteți spune că uleiul este la temperatura potrivită atunci când scufundați capătul unei linguri de lemn în ulei. Dacă uleiul bule și sfârâie în jurul lui, uleiul este gata.

c) Lucrând în 2 reprize, acoperiți cotletele cu amidon de porumb. Puneți-le ușor pe rând în ulei și prăjiți timp de 5 până la 6 minute, până devin aurii. Transferați pe o farfurie tapetată cu un prosop de hârtie.

d) Turnați tot, cu excepția unei linguri de ulei din wok și puneți-l la foc mediu-mare. Se condimentează uleiul adăugând ghimbir și un praf de sare. Lăsați ghimbirul să sfârâie în ulei timp de aproximativ 30 de secunde, rotind ușor.

e) Se caleste ceapa aproximativ 4 minute, pana devine translucida si moale. Adăugați usturoiul și prăjiți încă 30 de secunde, sau până când se simte parfumat. Transferați în farfurie cu cotletele de porc.

f) În wok, turnați soia ușoară, soia închisă, oțetul de vin roșu și un praf de zahăr și amestecați pentru a se combina. Aduceți la fiert și puneți ceapa și cotletele de porc în wok. Se amestecă pentru a se combina, deoarece sosul începe să se îngroașe ușor. Scoateți ghimbirul și aruncați-l. Transferați pe un platou și serviți imediat.

59. Carne de porc cu cinci condimente cu bok choy

Ingrediente:

- 1 lingura sos de soia usor
- 1 lingură vin de orez Shaoxing
- 1 linguriță praf de cinci condimente chinezești
- 1 lingurita amidon de porumb
- ½ lingurita zahar brun deschis
- ¾ de kilogram de carne de porc măcinată
- 2 linguri ulei vegetal
- 2 catei de usturoi, curatati de coaja si usor zdrobiti
- Sare cușer
- 2 până la 3 capete bok choy, tăiate în cruce în bucăți de mărimea unei mușcături
- 1 morcov, decojit și tăiat julien
- Orez fiert, pentru servire

Directii:

a) Într-un castron, amestecați soia ușoară, vinul de orez, praf de cinci condimente, amidonul de porumb și zahărul brun. Adăugați carnea de porc și amestecați ușor pentru a o combina. Se da deoparte la marinat timp de 10 minute.

b) Încinge un wok la foc mediu-mare până când o picătură de apă sfârâie și se evaporă la contact. Turnați uleiul și amestecați pentru a acoperi baza wok-ului. Se condimentează uleiul adăugând usturoiul și un praf de sare. Lăsați usturoiul să sfârâie în ulei timp de aproximativ 10 secunde, învârtindu-l ușor.

c) Adăugați carne de porc în wok și lăsați-o să se prăjească de pereții wok-ului timp de 1 până la 2 minute sau până când se formează o crustă aurie. Întoarceți și prăjiți pe cealaltă parte încă un minut. Aruncați și răsturnați pentru a prăji carnea de porc încă 1-2 minute, împărțind-o în firimituri și bulgări până când nu mai devine roz.

d) Adăugați bok choy și morcovul și amestecați și răsturnați pentru a se combina cu carnea de porc. Păstrați să prăjiți timp de 2 până la 3 minute, până când morcovul și bok choy sunt fragezi. Transferați pe un platou și serviți fierbinte cu orez aburit.

60. Se prăjește carne de porc Hoisin

Ingrediente:

- 2 lingurițe de vin de orez Shaoxing
- 2 lingurite sos de soia usor
- ½ linguriță de pastă de chili
- ¾ de kilogram de muschi de porc dezosat, feliate subtiri in fasii julienne
- 2 linguri ulei vegetal
- 4 felii de ghimbir proaspăt decojite, fiecare de mărimea unui sfert
- Sare cușer
- 4 uncii de mazăre de zăpadă, tăiată subțire pe diagonală
- 2 linguri sos hoisin
- 1 lingura apa

Directii:

a) Într-un castron, amestecați vinul de orez, soia ușoară și pasta de chili. Se adaugă carnea de porc și se amestecă. Se da deoparte la marinat timp de 10 minute.

b) Încinge un wok la foc mediu-mare până când o picătură de apă sfârâie și se evaporă la contact. Turnați uleiul și amestecați pentru a acoperi baza wok-ului. Se condimentează uleiul adăugând ghimbir și un praf de sare. Lăsați ghimbirul să sfârâie în ulei timp de aproximativ 30 de secunde, rotind ușor.

c) Adăugați carnea de porc și marinata și prăjiți timp de 2 până la 3 minute, până când nu mai devine roz. Adăugați mazărea de zăpadă și prăjiți timp de aproximativ 1 minut, până când se înmoaie și devine translucide. Se amestecă sosul hoisin și apa pentru a slăbi sosul. Continuați să aruncați și să răsturnați timp de 30 de secunde sau până când sosul este încălzit și carnea de porc și mazărea de zăpadă sunt acoperite.

d) Transferați pe un platou și serviți fierbinți.

61. Burtă de porc gătită de două ori

Ingrediente:

- 1 kilogram de burtă de porc dezosată
- ⅓ cană sos de fasole neagră sau sos de fasole neagră cumpărat din magazin
- 1 lingură vin de orez Shaoxing
- 1 lingurita sos de soia inchis la culoare
- ½ lingurita zahar
- 2 linguri ulei vegetal, împărțit
- 4 felii de ghimbir proaspăt decojite
- Sare cușer
- 1 praz, taiat in jumatate pe lungime si taiat pe diagonala
- ½ ardei gras rosu, feliat

Directii:

a) Într-o cratiță mare, puneți carnea de porc și acoperiți cu apă. Aduceți tigaia la fierbere și apoi reduceți la fiert. Se fierbe neacoperit timp de 30 de minute sau până când carnea de porc este fragedă și gătită. Folosind o lingură cu fantă, transferați carnea de porc într-un castron (aruncați lichidul de gătit) și lăsați să se răcească.

b) Dați la frigider câteva ore sau peste noapte. Odată ce carnea de porc s-a răcit, tăiați-le în felii subțiri de ¼ inch grosime și lăsați-le deoparte. Lăsând carnea de porc să se răcească complet înainte de a tăia felii, va fi mai ușor de tăiat felii subțiri.

c) Într-o cană de măsurare din sticlă, amestecați sosul de fasole neagră, vinul de orez, soia neagră și zahărul și lăsați deoparte.

d) Încinge un wok la foc mediu-mare până când o picătură de apă sfârâie și se evaporă la contact. Turnați 1 lingură de ulei și amestecați pentru a acoperi baza wok-ului. Se condimentează uleiul adăugând ghimbir și un praf de sare. Lăsați ghimbirul să sfârâie în ulei timp de aproximativ 30 de secunde, rotind ușor.

e) Lucrând în loturi, transferați jumătate din carnea de porc în wok. Lăsați bucățile să se prăjească în wok timp de 2 până la 3 minute. Întoarceți pentru a se prăji pe cealaltă parte pentru încă 1 până la 2 minute, până când carnea de porc începe să se onduleze. Transferați într-un bol curat. Repetați cu restul de carne de porc.

f) Adăugați restul de 1 lingură de ulei. Adăugați prazul și ardeiul roșu și prăjiți timp de 1 minut, până când prazul este moale. Se amestecă în sos și se prăjește până când este parfumat. Întoarceți carnea de porc în tigaie și continuați să prăjiți încă 2 până la 3 minute, până când totul este gătit. Aruncați feliile de ghimbir și transferați-le pe un platou de servire.

62. Carne de porc Mu Shu cu clătite la tigaie

Ingrediente:

Pentru clătite

- 1¾ cani de faina universala
- ¾ cană apă clocotită
- Sare cușer
- 3 linguri ulei de susan

Pentru carnea de porc mu shu

- 2 linguri sos de soia usor
- 1 lingurita amidon de porumb
- 1 linguriță de vin de orez Shaoxing
- Piper alb măcinat
- ¾ de kilogram de muschi de porc dezosat, feliat contra boabelor
- 3 linguri ulei vegetal
- 2 lingurițe de ghimbir proaspăt tocat mărunt
- 1 morcov mare, decojit și tăiat în juliană subțire la lungimi de 3 inci
- 6 până la 8 ciuperci de lemn proaspete, tăiate în fâșii julienne

- ½ varză verde cu cap mic, mărunțită

- 2 ceai, tăiați în lungimi de ½ inch

- 1 cutie (4 uncii) de muguri de bambus feliați, scurși și tăiați în juliană

- ¼ cană sos de prune, pentru servire

Directii:

Pentru a face clătitele

a) Într-un castron mare, cu o lingură de lemn, amestecați făina, apa clocotită și un praf de sare. Combinați totul până devine un aluat umplut. Transferați aluatul pe o masă de tăiat cu făină și frământați cu mâna timp de aproximativ 4 minute, sau până când se omogenizează. Aluatul va fi fierbinte, așa că purtați mănuși de unică folosință pentru a vă proteja mâinile. Reveniți aluatul în bol și acoperiți cu folie de plastic. Lăsați să se odihnească timp de 30 de minute.

b) Modelați aluatul într-un buștean lung de 12 inci, întinzându-l cu mâinile. Tăiați bușteanul în 12 bucăți egale, păstrând forma rotundă pentru a crea medalioane. Aplatizați medalioanele cu palmele și ungeți vârfurile cu ulei de susan. Apăsați părțile unse cu ulei împreună, pentru a crea 6 teancuri de bucăți de aluat dublate.

c) Rulați fiecare stivă într-o foaie subțire, rotundă, de 7 până la 8 inci în diametru. Cel mai bine este să continuați să răsturnați clătitele în timp ce rulați, pentru a obține o subțire uniformă pe ambele părți.

d) Încinge o tigaie de fontă la foc mediu-mare și gătește clătitele una câte una timp de aproximativ 1 minut pe prima parte, până devine ușor translucidă și începe să se învețe. Întoarceți pentru a găti cealaltă parte, încă 30 de secunde. Transferați clătitele pe o farfurie tapetată cu un prosop de bucătărie și despărțiți cu grijă cele două clătite.

Pentru a face carnea de porc mu shu

e) Într-un castron, amestecați soia ușoară, amidonul de porumb, vinul de orez și un praf de piper alb. Se adaugă carnea de porc feliată și se amestecă pentru a se acoperi și la marinat timp de 10 minute.

f) Încinge un wok la foc mediu-mare până când o picătură de apă sfârâie și se evaporă la contact. Turnați uleiul vegetal și amestecați pentru a acoperi baza wok-ului. Se condimentează uleiul adăugând ghimbir și un praf de sare. Lăsați ghimbirul să sfârâie în ulei timp de aproximativ 10 secunde, rotind ușor.

g) Adăugați carnea de porc și prăjiți 1-2 minute, până când nu mai devine roz. Adăugați morcovul și ciupercile și continuați să prăjiți încă 2 minute, sau până când morcovul este fraged. Adăugați varza, ceapă și lăstarii de bambus și prăjiți încă un minut sau până când se încălzesc. Transferați într-un castron și serviți punând umplutura de porc în centrul unei clătite și acoperind cu sos de prune.

63. Costite de porc cu sos de fasole neagra

Ingrediente:

- 1 kg de coaste de porc, tăiate în cruce în fâșii late de 1½ inch
- ¼ lingurita de piper alb macinat
- 2 linguri Sos de fasole neagră sau sos de fasole neagră cumpărat din magazin
- 1 lingură vin de orez Shaoxing
- 1 lingura ulei vegetal
- 2 lingurițe amidon de porumb
- Bucată de ½ inch de ghimbir proaspăt, curățată și tocată fin
- 2 catei de usturoi, tocati marunt
- 1 lingurita ulei de susan
- 2 ceai, feliați subțiri

Directii:

a) Tăiați între coaste pentru a le separa în bucăți de mărimea unei mușcături. Într-un bol puțin adânc, rezistent la căldură, combinați coastele și piperul alb. Adăugați sosul de fasole neagră, vinul de orez, uleiul vegetal, amidonul de porumb, ghimbirul și usturoiul și amestecați pentru a se combina, asigurându-vă că toate bucățile sunt acoperite. Marinați timp de 10 minute.

b) Clătiți un coș de bambus pentru aburi și capacul acestuia sub apă rece și puneți-l în wok. Turnați 2 inci de apă sau până când ajunge deasupra marginii inferioare a vaporizatorului cu aproximativ $\frac{1}{4}$ până la $\frac{1}{2}$ inch, dar nu atât de mult încât să atingă fundul coșului. Așezați vasul cu coaste în coșul pentru aburi și acoperiți.

c) Dați focul la mare pentru a fierbe apa, apoi reduceți focul la mediu-mare. Se fierbe la abur la foc mediu-mare timp de 20 până la 22 de minute sau până când striații nu mai sunt roz. Poate fi necesar să completați apa, așa că verificați în continuare pentru a vă asigura că nu fierbe uscat în wok.

d) Scoateți cu grijă vasul din coșul pentru aburi. Stropiți coastele cu ulei de susan și ornezați cu ceai. Serviți imediat.

64. Miel mongol prăjit

Ingrediente:

- 2 linguri vin de orez Shaoxing
- 1 lingură sos de soia închis la culoare
- 3 catei de usturoi, tocati
- 2 lingurițe amidon de porumb
- 1 lingurita ulei de susan
- 1 kilogram pulpă de miel dezosată, tăiată în felii groase de $\frac{1}{4}$ inch
- 3 linguri ulei vegetal, împărțit
- 4 felii de ghimbir proaspăt decojite, fiecare de mărimea unui sfert
- 2 ardei iute roșu uscat întregi (opțional)
- Sare cușer
- 4 ceai, tăiați în bucăți lungi de 3 inci, apoi tăiați subțiri pe lungime

Directii:

a) Într-un castron mare, amestecați vinul de orez, soia neagră, usturoiul, amidonul de porumb și uleiul de susan. Adăugați mielul în marinată și amestecați pentru a se acoperi. Marinați timp de 10 minute.

b) Încinge un wok la foc mediu-mare până când o picătură de apă sfârâie și se evaporă la contact. Turnați 2 linguri de ulei vegetal și amestecați pentru a acoperi baza wok-ului. Se condimentează uleiul adăugând ghimbir, ardei iute (dacă folosiți) și un praf de sare. Lăsați aromaticele să sfârâie în ulei timp de aproximativ 30 de secunde, învârtindu-le ușor.

c) Cu ajutorul cleștilor, ridicați jumătate de miel din marinată, scuturând ușor pentru a lăsa excesul să se scurgă. Rezervați marinata. Se prăjește în wok timp de 2 până la 3 minute. Întoarceți pentru a se prăji pe cealaltă parte pentru încă 1 până la 2 minute. Se prăjește aruncând și răsturnând rapid în wok încă 1 minut. Transferați într-un bol curat. Adăugați 1 lingură rămasă de ulei vegetal și repetați cu restul de miel.

d) Puneți tot mielul și marinada rezervată în wok și adăugați ceaiurile. Se prăjește încă 1 minut sau până când mielul este gătit și marinada se transformă într-un sos strălucitor.

e) Transferați pe un platou de servire, aruncați ghimbirul și serviți fierbinte.

65. Miel condimentat cu chimen

Ingrediente:

- ¾ de kilogram pulpă de miel dezosată, tăiată în bucăți de 1 inch
- 1 lingura sos de soia usor
- 1 lingură vin de orez Shaoxing
- Sare cușer
- 2 linguri chimen macinat
- 1 lingurita boabe de piper Sichuan, zdrobite
- ½ lingurita zahar
- 3 linguri ulei vegetal, împărțit
- 4 felii de ghimbir proaspăt decojite, fiecare de mărimea unui sfert
- 2 linguri amidon de porumb
- ½ ceapă galbenă, tăiată pe lungime fâșii
- 6 până la 8 ardei iute chili chinezești uscați întregi (opțional)
- 4 catei de usturoi, feliati subtiri
- ½ legătură de coriandru proaspăt, tocat grosier

Directii:

a) Într-un castron, combinați mielul, soia ușoară, vinul de orez și un praf mic de sare. Se amestecă pentru a se acoperi și la marinat timp de 15 minute sau peste noapte la frigider.

b) Într-un alt castron, amestecați chimenul, boabele de piper Sichuan și zahărul. Pus deoparte.

c) Încinge un wok la foc mediu-mare până când o picătură de apă sfârâie și se evaporă la contact. Turnați 2 linguri de ulei și amestecați pentru a acoperi baza wok-ului. Se condimentează uleiul adăugând ghimbir și un praf de sare. Lăsați ghimbirul să sfârâie în ulei timp de aproximativ 30 de secunde, rotind ușor.

d) Se amestecă bucățile de miel cu amidonul de porumb și se adaugă în wok-ul fierbinte. Se prăjește mielul timp de 2 până la 3 minute pe fiecare parte, apoi se prăjește încă 1 sau 2 minute, aruncând și răsturnând wok-ul. Transferați mielul într-un castron curat și lăsați deoparte.

e) Adăugați 1 lingură rămasă de ulei și amestecați pentru a acoperi wok-ul. Adăugați ceapa și ardeiul iute (dacă folosiți) și prăjiți timp de 3 până la 4 minute sau până când ceapa începe să arate strălucitoare, dar nu moale. Se condimentează ușor cu un praf mic de sare. Adăugați amestecul de usturoi și condimente și continuați să prăjiți încă un minut.

f) Întoarceți mielul în wok și amestecați pentru a se combina încă 1 până la 2 minute. Transferați pe un platou, aruncați ghimbirul și garnisiti cu coriandru.

66. Miel cu Ghimbir și Praz

Ingrediente:

- ¾ de kilogram pulpă de miel dezosată, tăiată în 3 bucăți, apoi tăiată subțire peste bob
- Sare cușer
- 2 linguri vin de orez Shaoxing
- 1 lingură sos de soia închis la culoare
- 1 lingura sos de soia usor
- 1 lingurita sos de stridii
- 1 lingurita miere
- 1 până la 2 lingurițe ulei de susan
- ½ linguriță boabe de piper Sichuan măcinat
- 2 lingurițe amidon de porumb
- 2 linguri ulei vegetal
- 1 lingură de ghimbir proaspăt decojit și tocat fin
- 2 praz, tăiat și feliat subțire
- 4 catei de usturoi, tocati marunt

Directii:

a) Într-un castron, asezonează ușor mielul cu 1 până la 2 vârfuri de sare. Se amestecă pentru a se acoperi și se lasă deoparte timp de 10 minute. Într-un castron mic, amestecați vinul de orez, soia neagră, soia ușoară, sosul de stridii, mierea, uleiul de susan, ardeiul de Sichuan și amidonul de porumb. Pus deoparte.

b) Încinge un wok la foc mediu-mare până când o picătură de apă sfârâie și se evaporă la contact. Turnați uleiul vegetal și amestecați pentru a acoperi baza wok-ului. Se condimentează uleiul adăugând ghimbir și un praf de sare. Lăsați ghimbirul să sfârâie în ulei timp de aproximativ 10 secunde, rotind ușor.

c) Adăugați mielul și prăjiți timp de 1 până la 2 minute, apoi începeți să prăjiți, amestecând și răsturnând încă 2 minute, sau până când nu mai este roz. Transferați într-un bol curat și lăsați deoparte.

d) Adăugați prazul și usturoiul și prăjiți timp de 1 până la 2 minute sau până când prazul devine verde strălucitor și moale. Transferați în bolul de miel.

e) Se toarnă amestecul de sos și se fierbe timp de 3 până la 4 minute, până când sosul se reduce la jumătate și devine lucios. Întoarceți mielul și legumele în wok și amestecați pentru a le combina cu sosul.

f) Transferați pe un platou și serviți fierbinți.

67. Carne de vită thailandeză cu busuioc

Ingrediente:

- 2 linguri ulei
- 12 oz. carne de vită, tăiată subțire împotriva bobului
- 5 catei de usturoi, tocati
- ½ ardei gras rosu, feliat subtire
- 1 ceapă mică, tăiată subțire
- 2 lingurite sos de soia
- 1 lingurita sos de soia inchis la culoare
- 1 lingurita sos de stridii
- 1 lingura sos de peste
- ½ lingurita zahar
- 1 cană frunze de busuioc thailandez, ambalate
- Coriandru, pentru ornat

Directii:

a) Încinge wok-ul la foc mare și adaugă uleiul. Se prăjește carnea de vită până se rumenește. Scoateți din wok și lăsați deoparte.
b) Adăugați usturoiul și ardeiul roșu în wok și prăjiți timp de aproximativ 20 de secunde.
c) Se adaugă ceapa și se prăjește până se rumenește și se caramelizează ușor.
d) Aruncați carnea de vită înapoi, împreună cu sosul de soia, sosul de soia închis, sosul de stridii, sosul de pește și zahărul.
e) Se prăjește încă câteva secunde, apoi se încorporează busuiocul thailandez până când se ofilește.
f) Se servește cu orez iasomie și se ornează cu coriandru.

68. Carne de porc chinezească la grătar

PORȚII 8

Ingrediente:

- 3 lire (1,4 kg) umăr de porc/muc de porc (selectați o tăietură cu puțină grăsime bună pe ea)
- ¼ cană (50 g) zahăr
- 2 lingurite sare
- ½ linguriță praf de cinci condimente
- ¼ lingurita piper alb
- ½ lingurita ulei de susan
- 1 lingură de vin Shaoxing sau
- Vin chinezesc de prune
- 1 lingura sos de soia
- 1 lingura sos hoisin
- 2 lingurite melasa
- 3 catei de usturoi tocati marunt
- 2 linguri maltoză sau miere
- 1 lingura apa fierbinte

Directii:

a) Tăiați carnea de porc în fâșii lungi sau bucăți de aproximativ 3 inci grosime. Nu tăiați excesul de grăsime, deoarece se va desface și va adăuga aromă.

b) Combinați zahărul, sarea, pudra de cinci condimente, piperul alb, uleiul de susan, vinul, sosul de soia, sosul hoisin, melasa, colorantul alimentar (dacă folosiți) și usturoiul într-un castron pentru a face marinada.

c) Rezervați aproximativ 2 linguri de marinată și lăsați-o deoparte. Frecați carnea de porc cu restul de marinată într-un castron mare sau o tavă de copt. Acoperiți și lăsați la frigider peste noapte, sau cel puțin 8 ore. Acoperiți și păstrați și marinada rezervată la frigider.

d) Preîncălziți cuptorul la cea mai mare setare (475-550 grade F sau 250-290 grade C) cu un grătar poziționat în treimea superioară a cuptorului. Tapetați o tavă de foaie cu folie și puneți deasupra un gratar metalic. Asezati carnea de porc pe gratar, lasand cat mai mult spatiu intre bucati. Turnați 1 ½ cană de apă în tava de sub gratar. Acest lucru previne arderea sau fumatul oricăror scurgeri.

e) Transferați carnea de porc în cuptorul preîncălzit și coaceți timp de 25 de minute. După 25 de minute, întoarceți carnea de porc. Dacă fundul cratiței este uscat, adăugați încă o cană de apă. Rotiți tava la 180 de grade pentru a asigura o prăjire uniformă. Prăjiți încă 15 minute.

f) Între timp, combinați marinada rezervată cu maltoza sau mierea și 1 lingură apă fierbinte. Acesta va fi sosul pe care îl veți folosi pentru a unge carnea de porc.

g) După 40 de minute de timp total de prăjire, ungeți carnea de porc, întoarceți-o și ungeți și cealaltă parte. Se prăjește pentru ultimele 10 minute.

h) După 50 de minute de timp total de prăjire, carnea de porc trebuie gătită și caramelizată deasupra. Dacă nu este caramelizat după bunul plac, puteți porni broilerul timp de câteva minute pentru a crocanta exteriorul și pentru a adăuga puțină culoare/aromă.

69. Chifle de porc la gratar la abur

FACE 10 chifle

Ingrediente:

Pentru aluatul de chifle aburit:

- 1 lingurita drojdie uscata activa
- ¾ cană apă caldă
- 2 căni de făină universală
- 1 cană amidon de porumb
- 5 linguri de zahar
- ¼ cana canola sau ulei vegetal
- 2½ lingurițe de praf de copt

Pentru umplutura:

- 1 lingura ulei
- ⅓ ceașcă de ceapă sau ceapă roșie tocate mărunt
- 1 lingura zahar
- 1 lingura sos de soia usor
- 1½ lingurita sos de stridii
- 2 lingurite ulei de susan
- 2 lingurițe de sos de soia închis la culoare
- ½ cană bulion de pui
- 2 linguri de făină universală
- 1½ cani friptura de porc chinezeasca taiata cubulete

Directii:

a) În bolul unui mixer electric prevăzut cu un accesoriu pentru cârlig de aluat (puteți folosi și un castron obișnuit și frământați manual), dizolvați 1 linguriță de drojdie uscată activă în 3/4 de cană de apă caldă. Cerneți făina și amidonul de porumb și adăugați-l la amestecul de drojdie împreună cu zahărul și uleiul.

b) Porniți mixerul la cea mai mică setare și lăsați-l să meargă până se formează o minge de aluat netedă. Se acopera cu o carpa umeda si se lasa sa se odihneasca 2 ore. (Veți adăuga praful de copt mai târziu!)

c) În timp ce aluatul se odihnește, faceți umplutura de carne. Încinge 1 lingură de ulei într-un wok la foc mediu-înalt. Adaugati ceapa/ceapa si se caleste timp de 1 minut. Reduceți căldura la mediu-scăzut și adăugați zahărul, sosul de soia ușor, sosul de stridii, uleiul de susan și sosul de soia închis. Amestecați și gătiți până când amestecul începe să bule. Adăugați bulionul de pui și făina, gătiți timp de 3 minute până se îngroașă. Se ia de pe foc și se amestecă friptura de porc. Se da deoparte la racit. Dacă faceți umplutura din timp, acoperiți și lăsați-o la frigider pentru a preveni uscarea acesteia.

d) După ce aluatul s-a odihnit timp de 2 ore, adăugați praful de copt în aluat și porniți mixerul la setarea cea mai scăzută. În acest moment, dacă aluatul pare uscat sau întâmpinați probleme la încorporarea prafului de copt, adăugați 1-2 lingurițe de apă. Framantam usor aluatul pana devine din nou omogen. Acoperiți cu o cârpă umedă și lăsați-o să se odihnească încă 15 minute. Între timp, luați o bucată mare de hârtie de pergament și tăiați-o în zece pătrate de 4x4 inci. Pregătiți-vă aparatul de abur aducând apa la fiert.

e) Acum suntem gata să asamblam chiflele: rulați aluatul într-un tub lung și împărțiți-l în 10 bucăți egale. Apăsați fiecare bucată de aluat într-un disc de aproximativ $4\frac{1}{2}$ inci în diametru (ar trebui să fie mai gros în centru și mai subțire în jurul marginilor). Adăugați puțină umplutură și pliați chiflele până se închid deasupra.

f) Așezați fiecare chiflă pe un pătrat de hârtie de pergament și fierbeți la abur. Am fiert chiflele la abur în două loturi separate folosind un bambus fiert la abur.

g) Odată ce apa dă în clocot, puneți chiflele în cuptorul cu abur și fierbeți fiecare lot timp de 12 minute la foc mare.

70. Friptură de porc cantoneză

PORȚII 6-8

Ingrediente:

- 3 lb. bucată de burtă de porc, pe piele
- 2 lingurițe de vin Shaoxing
- 2 lingurite sare
- 1 lingurita zahar
- ½ linguriță praf de cinci condimente
- ¼ lingurita piper alb
- 1½ linguriță oțet de vin de orez
- ½ cană sare de mare grunjoasă

Directii:

a) Clătiți burta de porc și uscați. Puneți-l cu pielea în jos pe o tavă și frecați vinul Shaoxing în carne (nu în piele). Amestecați sarea, zahărul,
b) praf de cinci condimente și piper alb. Frecați bine acest amestec de condimente și în carne. Întoarceți carnea, astfel încât să fie cu pielea în sus.
c) Deci, pentru a face următorul pas, există de fapt un instrument special pe care îl folosesc restaurantele, dar noi am folosit doar o frigărui ascuțită de metal. Faceți găuri sistematic pe toată pielea, ceea ce va ajuta pielea să devină crocantă, mai degrabă decât să rămână netedă și piele. Cu cât sunt mai multe găuri, cu atât mai bine. De asemenea, asigurați-vă că sunt suficient de adânci. Opriți-vă chiar deasupra stratului de grăsime de dedesubt.

d) Lasa burta de porc sa se usuce la frigider neacoperit, timp de 12-24 ore.
e) Preîncălziți cuptorul la 375 de grade F. Puneți o bucată mare de folie de aluminiu (folia rezistentă funcționează cel mai bine) pe o tavă de copt și pliați părțile laterale în jurul cărnii de porc, astfel încât să creați un fel de cutie de jur împrejur. , cu o margine înaltă de 1 inch în jurul părților laterale.
f) Ungeți oțetul de vin de orez peste pielea de porc. Împachetați sarea de mare într-un strat uniform peste piele, astfel încât carnea de porc să fie complet acoperită. Se da la cuptor si se coace 1 ora si 30 de minute. Dacă burta de porc are încă coasta atașată, frigeți timp de 1 oră și 45 de minute.
g) Scoateți carnea de porc din cuptor, porniți broilerul la minim și poziționați grătarul cuptorului în poziția cea mai joasă. Scoateți stratul superior de sare de mare de pe burta de porc, desfaceți folia și puneți un grătar pe tigaie. Așezați burta de porc pe grătar și puneți-o la loc sub broiler pentru a deveni crocantă. Acest lucru ar trebui să dureze 10-15 minute. În mod ideal, broilerul ar trebui să fie la „scăzut", astfel încât acest proces să se poată produce treptat. Dacă broilerul dvs. devine destul de fierbinte, urmăriți-l cu atenție și asigurați-vă că țineți carnea de porc cât mai departe de sursa de căldură posibil.
h) Când pielea s-a umflat și a devenit crocantă, scoateți din cuptor. Se lasa sa se odihneasca aproximativ 15 minute. Tăiați și serviți!

71. Mazăre de zăpadă prăjită

Ingrediente

- 2 linguri ulei vegetal

- 2 felii de ghimbir proaspăt decojite, fiecare de mărimea unui sfert

- Sare cușer

- ¾ de kilogram de mazăre de zăpadă sau de mazăre de zahăr, sforile îndepărtate

Directii:

a) Încinge un wok la foc mediu-mare până când o picătură de apă sfârâie și se evaporă la contact. Turnați uleiul și amestecați pentru a acoperi baza wok-ului. Se condimentează uleiul adăugând feliile de ghimbir și un praf de sare. Lăsați ghimbirul să sfârâie în ulei timp de aproximativ 30 de secunde, rotind ușor.

b) Adăugați mazărea de zăpadă și, folosind o spatulă wok, amestecați-le cu ulei. Se prăjește timp de 2 până la 3 minute, până când este verde strălucitor și devine fraged.

c) Transferați pe un platou și aruncați ghimbirul. Se serveste fierbinte.

72. Spanac prăjit cu usturoi și sos de soia

Ingrediente

- 1 lingura sos de soia usor
- 1 lingurita zahar
- 2 linguri ulei vegetal
- 4 catei de usturoi, feliati subtiri
- Sare cușer
- 8 uncii spanac pentru copii pre-spălat

Directii:

a) Într-un castron mic, amestecați soia ușoară și zahărul până când zahărul este dizolvat și lăsați deoparte.

b) Încinge un wok la foc mediu-mare până când o picătură de apă sfârâie și se evaporă la contact. Turnați uleiul și amestecați pentru a acoperi baza wok-ului. Adăugați usturoiul și un praf de sare și prăjiți, amestecând până când usturoiul este parfumat, aproximativ 10 secunde. Folosind o lingura cu fanta, scoatem usturoiul din tigaie si punem deoparte.

c) Adăugați spanacul în uleiul condimentat și prăjiți până când verdeața este doar ofilită și verde strălucitor. Adăugați amestecul de zahăr și soia și amestecați. Întoarceți usturoiul în wok și amestecați pentru a se incorpora. Transferați într-un vas și serviți.

73. Varză Napa prăjită picant

Ingrediente

- 2 linguri ulei vegetal
- 3 sau 4 ardei iute uscati
- 2 felii de ghimbir proaspăt decojite, fiecare de mărimea unui sfert
- Sare cușer
- 2 catei de usturoi, taiati felii
- 1 cap de varză napa, mărunțită
- 1 lingura sos de soia usor
- $\frac{1}{2}$ lingură oțet negru
- Piper negru proaspăt măcinat

Directii:

a) Încinge un wok la foc mediu-mare. Se toarnă uleiul și se adaugă ardeiul iute. Lăsați ardeii iute să sfârâie în ulei timp de 15 secunde. Adăugați feliile de ghimbir și un praf de sare. Se aruncă usturoiul și se prăjește scurt pentru a aroma uleiul, aproximativ 10 secunde. Nu lăsați usturoiul să se rumenească sau să se ardă.

b) Adăugați varza și prăjiți până când se ofilește și devine verde strălucitor, aproximativ 4 minute. Adaugati soia usoara si otetul negru si asezonati cu cate un praf de sare si piper. Se amestecă pentru a acoperi încă 20 până la 30 de secunde.

c) Transferați pe un platou și aruncați ghimbirul. Se serveste fierbinte.

74. Fasole prăjită uscată

Ingrediente

- 1 lingura sos de soia usor
- 1 lingura de usturoi tocat
- 1 lingură doubanjiang (pastă de fasole chili chinezească)
- 2 lingurite de zahar
- 1 lingurita ulei de susan
- Sare cușer
- ½ cană ulei vegetal
- 1 kilogram de fasole verde, tăiată, tăiată în jumătate și uscată

Directii:

a) Într-un castron mic, amestecați soia ușoară, usturoiul, pasta de fasole, zahărul, uleiul de susan și un praf de sare. Pus deoparte.

b) Într-un wok, încălziți uleiul vegetal la foc mediu-mare. Prăjiți fasolea. Intoarceti usor fasolea in ulei pana par sifonata.

c) După ce toate fasolea au fost gătite, transferați cu atenție uleiul rămas într-un recipient rezistent la căldură. Utilizați o pereche de clești cu câteva prosoape de hârtie pentru a șterge și curăța wok-ul.

d) Puneti wok-ul la foc mare si adaugati 1 lingura de ulei de prajit rezervat. Adăugați fasolea verde și sosul chili, prăjiți până când sosul ajunge la fierbere și îmbracă fasolea verde. Transferați fasolea pe un platou și serviți fierbinte.

75. Bok Choy și ciuperci prăjite

Ingrediente

- 3 linguri ulei vegetal
- 1 felie de ghimbir proaspăt curățată, cam de mărimea unui sfert
- ½ kilogram de ciuperci shiitake proaspete
- 2 catei de usturoi, tocati
- 1½ kilograme baby bok choy, feliate în cruce în bucăți de 1 inch
- 2 linguri vin de orez Shaoxing
- 2 lingurite sos de soia usor
- 2 lingurite ulei de susan

Directii:

a) Încinge un wok la foc mediu-mare. Turnați uleiul vegetal și amestecați pentru a acoperi baza wok-ului. Adăugați felia de ghimbir și un praf de sare.

b) Adăugați ciupercile și prăjiți timp de 3 până la 4 minute, până când încep să se rumenească. Adăugați usturoiul și prăjiți până se simte parfumat, încă aproximativ 30 de secunde.

c) Adăugați bok choy și amestecați cu ciupercile. Adăugați vinul de orez, soia ușoară și uleiul de susan. Gatiti 3-4 minute, aruncand legumele in mod constant pana cand sunt fragede.

d) Transferați legumele pe un platou de servire, aruncați ghimbirul și serviți fierbinți.

76. Medley de legume prăjite

Ingrediente

- 3 linguri ulei vegetal
- 1 felie de ghimbir proaspăt curățată, cam de mărimea unui sfert
- Sare cușer
- ½ ceapă albă, tăiată în bucăți de 1 inch
- 1 morcov mare, decojit și tăiat în diagonală
- 2 coaste de țelină, tăiate în diagonală în felii de ¼ inch grosime
- 6 ciuperci shiitake proaspete
- 1 ardei gras rosu, taiat in bucati de 1 inch
- 1 mână mică de fasole verde, tăiată
- 2 catei de usturoi, tocati marunt
- 2 ceai, feliați subțiri

Directii:
a) Încinge un wok la foc mediu-mare până când o picătură de apă sfârâie și se evaporă la contact. Turnați uleiul și amestecați pentru a acoperi baza wok-ului. Se condimentează uleiul adăugând felia de ghimbir și un praf de sare. Lasă uleiul să sfârâie aproximativ 30 de secunde, învârtindu-se ușor.

b) Adăugați ceapa, morcovul și țelina în wok și prăjiți, mișcând rapid legumele în wok folosind o spatulă. Când legumele încep să pară fragede, aproximativ 4 minute, adăugați ciupercile și continuați să le aruncați în wok-ul fierbinte.

c) Cand ciupercile par moi, adauga ardeiul gras si continua sa amesteci, inca 4 minute. Cand ardeii gras incep sa se inmoaie, adauga fasolea verde si amesteca pana se inmoaie, inca 3 minute. Adăugați usturoiul și amestecați până devine parfumat.

d) Transferați pe un platou, aruncați ghimbirul și ornat cu ceai. Se serveste fierbinte.

77. Încântarea lui Buddha

Ingrediente

- O mână mică (aproximativ ⅓ cană) ciuperci urechi de lemn uscat
- 8 ciuperci shiitake uscate
- 2 linguri sos de soia usor
- 2 lingurite de zahar
- 1 lingurita ulei de susan
- 2 linguri ulei vegetal
- 2 felii de ghimbir proaspăt decojite, fiecare de mărimea unui sfert
- Sare cușer
- 1 dovleac delicata, tăiat în jumătate, fără semințe și tăiat în bucăți mici
- 2 linguri vin de orez Shaoxing
- 1 cană de mazăre snap cu zahăr, sforile îndepărtate
- 1 cutie (8 uncii) udă castane, clătite și scurse
- Piper negru proaspăt măcinat

Directii:

a) Înmuiați ambele ciuperci uscate în boluri separate doar acoperite cu apă fierbinte până când se înmoaie, aproximativ 20 de minute. Scurgeți și aruncați lichidul de înmuiere a urechilor de lemn. Scurgeți și păstrați ½ cană de lichid shiitake. La lichidul de ciuperci adăugați soia ușor, zahărul și uleiul de susan și amestecați pentru a dizolva zahărul. Pus deoparte.

b) Încinge un wok la foc mediu-mare până când o picătură de apă sfârâie și se evaporă la contact. Turnați uleiul vegetal și amestecați pentru a acoperi baza wok-ului. Se condimentează uleiul adăugând feliile de ghimbir și un praf de sare. Lăsați ghimbirul să sfârâie în ulei timp de aproximativ 30 de secunde, rotind ușor.

c) Adăugați dovleceii și prăjiți, amestecând cu uleiul condimentat pentru aproximativ 3 minute. Adăugați ambele ciuperci și vinul de orez și continuați să prăjiți timp de 30 de secunde. Adăugați mazărea de zăpadă și castanele de apă, amestecând să se îmbrace cu ulei. Adăugați lichidul de condiment pentru ciuperci rezervat și acoperiți. Continuați să gătiți, amestecând din când în când, până când legumele sunt doar fragede, aproximativ 5 minute.

d) Scoatem capacul si asezonam cu sare si piper dupa gust. Aruncați ghimbirul și serviți.

78. Tofu în stil Hunan

Ingrediente

- 1 lingurita amidon de porumb
- 1 lingura apa
- 4 linguri ulei vegetal sau canola, împărțit
- Sare cușer
- 1 kilogram de tofu ferm, scurs și tăiat în pătrate groase de $\frac{1}{2}$ inch, cu diametrul de 2 inci
- 3 linguri de fasole neagra fermentata, clatita si zdrobita
- 2 linguri doubanjiang (pasta de fasole chili chinezeasca)
- Bucata de 1 inch ghimbir proaspăt, curățat și tocat fin
- 3 catei de usturoi, tocati marunt
- 1 ardei gras rosu mare, taiat in bucati de 1 inch
- 4 ceai, tăiați în secțiuni de 2 inci
- 1 lingură vin de orez Shaoxing
- 1 lingurita zahar
- $\frac{1}{4}$ cană supă de pui sau legume cu conținut scăzut de sodiu

Directii:
a) Într-un castron mic, amestecați amidonul de porumb și apa și lăsați deoparte.

b) Încinge un wok la foc mediu-mare până când o picătură de apă sfârâie și se evaporă la contact. Turnați 2 linguri de ulei și amestecați pentru a acoperi baza și părțile laterale ale wok-ului. Adăugați un praf de sare și aranjați feliile de tofu în wok într-un singur strat. Se prăjește tofu timp de 1 până la 2 minute, înclinând wok-ul pentru a strecura uleiul sub tofu pe măsură ce se prăjește. Când prima parte s-a rumenit, folosind o spatulă wok, răsturnați cu grijă tofu-ul și prăjiți încă 1 până la 2 minute până devine auriu. Transferați tofuul prăjit pe o farfurie și lăsați-l deoparte.

c) Reduceți căldura la mediu-scăzut. Adăugați restul de 2 linguri de ulei în wok. De îndată ce uleiul începe să fumeze ușor, adăugați fasolea neagră, pasta de fasole, ghimbirul și usturoiul. Se prăjește timp de 20 de secunde sau până când uleiul capătă o culoare roșu intens din pasta de fasole.

d) Adăugați ardeiul gras și ceai și amestecați cu vinul Shaoxing și zahărul. Gatiti inca un minut sau pana cand vinul este aproape evaporat si ardeiul gras este fraged.

e) Încorporați ușor tofuul prăjit până când toate ingredientele din wok sunt combinate. Continuați să gătiți încă 45 de secunde sau până când tofu-ul capătă o culoare roșu intens, iar ceaiurile s-au ofilit.

f) Stropiți bulionul de pui peste amestecul de tofu și amestecați ușor pentru a deglaza wok-ul și a dizolva oricare dintre bucățile blocate pe wok. Amestecați rapid amestecul de amidon de porumb și apă și adăugați-l în wok. Amestecați ușor și fierbeți timp de 2 minute sau până când sosul devine lucios și gros. Se serveste fierbinte.

79. Ma Po Tofu

Ingrediente

- ½ kg carne de porc măcinată
- 2 linguri vin de orez Shaoxing
- 2 lingurite sos de soia usor
- 1 lingurita de ghimbir proaspat tocat marunt
- 2 lingurițe amidon de porumb
- 1½ lingurita apa
- 2 linguri ulei vegetal
- 1 lingură boabe de piper Sichuan, zdrobite
- 3 linguri doubanjiang (pasta de fasole chili chinezeasca)
- 4 ceai, feliați subțiri, împărțiți
- 1 lingurita ulei de chili
- 1 lingurita zahar
- ½ linguriță praf de cinci condimente chinezești
- 1 kilogram de tofu mediu, scurs și tăiat în cuburi de ½ inch
- 1½ cană supă de pui cu conținut scăzut de sodiu
- Sare cușer
- 1 lingura frunze proaspete de coriandru tocate grosier, pentru ornat

Directii:

a) Într-un castron mic, amestecați împreună carnea de porc măcinată, vinul de orez, soia ușoară și ghimbirul. Pus deoparte. Într-un alt castron mic, amestecați amidonul de porumb împreună cu apa. Pus deoparte.

b) Încinge un wok la foc mediu-mare și toarnă uleiul vegetal. Adăugați boabele de piper de Sichuan și soțiți ușor până când încep să sfârâie pe măsură ce uleiul se încălzește.

c) Adaugă carnea de porc marinată și pasta de fasole și se prăjește timp de 4 până la 5 minute, până când carnea de porc se rumenește și se sfărâmă. Adăugați jumătate din ceai, uleiul de chili, zahărul și cinci praf de condimente. Continuați să prăjiți încă 30 de secunde sau până când ceaiurile se ofilesc.

d) Se împrăștie cuburile de tofu peste carnea de porc și se toarnă bulionul. Nu amestecați; lăsați tofu să se gătească și să se întărească puțin mai întâi. Acoperiți și fierbeți timp de 15 minute la foc mediu. Descoperiți și amestecați ușor. Aveți grijă să nu rupeți prea mult cuburile de tofu.

e) Gustați și adăugați sare sau zahăr, în funcție de preferințe. Zaharul suplimentar poate calma picantenia daca este prea fierbinte. Se amestecă din nou amidonul de porumb și apa și se adaugă la tofu. Amesteca usor pana se ingroasa sosul.

f) Se ornează cu ceaiurile și coriandru rămase și se servesc fierbinți.

80. Caş de fasole la abur într-un sos simplu

Ingrediente

- 1 kilogram tofu mediu
- 2 linguri sos de soia usor
- 1 lingura ulei de susan
- 2 lingurite otet negru
- 2 catei de usturoi, tocati marunt
- 1 lingurita de ghimbir proaspat tocat marunt
- $\frac{1}{2}$ lingurita zahar
- 2 ceai, feliați subțiri
- 1 lingură frunze de coriandru proaspăt tocate grosier

Directii:

a) Scoateți tofu-ul din ambalaj, având grijă să îl păstrați intact. Puneți-l pe o farfurie mare și tăiați-l cu grijă în felii groase de 1 până la $1\frac{1}{2}$ inch. Se lasa deoparte 5 minute. Odihnirea tofu-ului permite scurgerea mai multor din zer.

b) Clătiți un coș de bambus pentru aburi și capacul acestuia sub apă rece și puneți-l în wok. Turnați aproximativ 2 inci de apă rece sau până când ajunge deasupra marginii inferioare a vaporizatorului cu aproximativ $\frac{1}{4}$ până la $\frac{1}{2}$ inch, dar nu atât de sus încât apa să atingă fundul coșului.

c) Scurgeți orice zer în plus din farfuria cu tofu și puneți farfuria în cuptorul cu aburi de bambus. Acoperiți și puneți wok-ul la foc mediu-mare. Aduceți apa la fiert și fierbeți tofu la abur timp de 6 până la 8 minute.

d) În timp ce tofu se aburește, într-o cratiță mică, amestecați soia ușoară, uleiul de susan, oțetul, usturoiul, ghimbirul și zahărul împreună la foc mic până când zahărul se dizolvă.

e) Se stropesc sosul cald peste tofu si se orneaza cu ceata si coriandru.

81. Sparanghel de susan

Ingrediente

- 2 linguri sos de soia usor
- 1 lingurita zahar
- 1 lingura ulei vegetal
- 2 catei mari de usturoi, tocati grosier
- 2 kg de sparanghel, tăiat și tăiat în diagonală în bucăți lungi de 2 inci
- Sare cușer
- 2 linguri ulei de susan
- 1 lingura de seminte de susan prajite

Directii:

a) Într-un castron mic, amestecați soia ușoară și zahărul până când zahărul se dizolvă. Pus deoparte.

b) Încinge un wok la foc mediu-mare până când o picătură de apă sfârâie și se evaporă la contact. Turnați uleiul vegetal și amestecați pentru a acoperi baza wok-ului. Adăugați usturoiul și prăjiți până când este parfumat, aproximativ 10 secunde.

c) Adăugați sparanghelul și prăjiți. Adăugați amestecul de sos de soia și amestecați pentru a acoperi sparanghelul, gătind încă aproximativ 1 minut.

d) Stropiți uleiul de susan peste sparanghel și transferați-l într-un bol de servire. Se ornează cu semințele de susan și se servește fierbinte.

82. Broccoli chinezesc cu sos de stridii

Ingrediente

- ¼ cană sos de stridii
- 2 lingurite sos de soia usor
- 1 lingurita ulei de susan
- 2 linguri ulei vegetal
- 4 felii de ghimbir proaspăt decojite, fiecare de mărimea unui sfert
- 4 catei de usturoi, curatati de coaja
- Sare cușer
- 2 buchete broccoli chinezesc sau broccoli, capete dure tăiate
- 2 linguri de apa

Directii:

a) Într-un castron mic, amestecați sosul de stridii, soia ușoară și uleiul de susan și lăsați deoparte.

b) Încinge un wok la foc mediu-mare până când o picătură de apă sfârâie și se evaporă la contact. Turnați uleiul vegetal și amestecați pentru a acoperi baza wok-ului. Adăugați ghimbirul, usturoiul și un praf de sare. Lăsați aromaticele să sfârâie în ulei, învârtindu-le ușor timp de aproximativ 10 secunde.

c) Adăugați broccoli și amestecați, amestecând până când este acoperit cu ulei și verde strălucitor. Adăugați apa și acoperiți pentru a fierbe broccoli la abur timp de aproximativ 3 minute, sau până când tulpinile pot fi străpunse ușor cu un cuțit. Scoateți ghimbirul și usturoiul și aruncați-le.

d) Se amestecă sosul și se amestecă pentru a se îmbrăca până se fierbe. Transferați pe o farfurie de servire.

SUPE

83. Supă cu tăiței cu nucă de cocos

Ingrediente:
- 2 linguri ulei
- 3 catei de usturoi, tocati
- 1 lingura de ghimbir proaspat, ras
- 3 linguri pasta de curry rosu thailandez
- 8 oz. piept de pui sau pulpe dezosate, feliate
- 4 cesti supa de pui
- 1 cană apă
- 2 linguri sos de peste
- ⅔ ceașcă lapte de cocos
- 6 oz. tăiței de vermicelli de orez uscat
- 1 lime, suc

Directii:
a) Ceapă roșie feliată, chilis roșu, coriandru, ceapă pentru ornat
b) Într-o oală mare, la foc mediu, adăugați uleiul, usturoiul, ghimbirul și pasta de curry roșu thailandez. Se prăjește timp de 5 minute, până se parfumează.
c) Adăugați puiul și gătiți timp de câteva minute, doar până când puiul devine opac.
d) Adăugați bulionul de pui, apa, sosul de pește și laptele de cocos. Se aduce la fierbere.
e) În acest moment, gustați bulionul pentru sare și ajustați condimentele în consecință.
f) Turnați supa clocotită peste tăițeii uscați cu vermicelli din bolurile de servire, adăugați o stoarcă de suc de lămâie și garniturile și serviți. Fidea vor fi gata de mâncat în câteva minute.

84. Supă picant cu tăiței de vită

Ingrediente:
- 16 căni de apă rece
- 6 felii de ghimbir
- 3 ceai, spalati si taiati in jumatate
- ¼ cană de vin Shaoxing
- 3 lbs. mandrina de vita, taiata in bucati de 1½ inch
- 3 linguri ulei
- 1 până la 2 linguri boabe de piper Sichuan
- 2 capete de usturoi, decojite
- 1 ceapă mare, tăiată în bucăți
- anason de 5 stele
- 4 foi de dafin
- ¼ cană pastă de fasole picant
- 1 roșie mare, tăiată în bucăți mici
- ½ cană sos de soia ușor
- 1 lingura zahar
- 1 bucată mare de coajă uscată de mandarină
- tăiței de grâu proaspeți sau uscati la alegere
- Ceapă verde și coriandru tocate, pentru ornat

Directii:
a) Încălziți uleiul într-o altă oală sau într-un wok mare la foc mediu și mic și adăugați boabele de piper Sichuan, căței de usturoi, ceapa, anason stelat și foi de dafin. Gatiti pana cand cateii de usturoi si bucatele de ceapa incep sa se inmoaie (aproximativ 5 - 10 minute). Se amestecă pasta de fasole picantă.
b) Apoi adăugați roșiile și fierbeți timp de două minute. La final, amestecați sosul ușor de soia și zahărul. Opriți căldura.

c) Acum, să scoatem carnea de vită, ghimbirul și ceaiul din prima oală și să le transferăm în a doua oală. Apoi, turnați supa printr-o strecurătoare cu plasă fină. Pune vasul la foc mare și adaugă coaja de mandarine. Acoperiți și aduceți supa la fiert. Reduceți imediat focul la fiert și fierbeți timp de 60-90 de minute.

d) După ce a fiert, oprește focul, dar ține capacul deschis și lasă oala să stea pe aragaz (cu căldura oprită) încă o oră întreagă pentru a lăsa aromele să se topească. Baza ta de supă este gata. Nu uitați să aduceți din nou baza de supă la fierbere înainte de servire.

85. Supă de picături de ouă

Ingrediente:
- 4 căni de bulion de pui organic sau bulion de pui de casă
- $\frac{1}{2}$ lingurita ulei de susan
- $\frac{1}{2}$ lingurita sare
- Un praf de zahar
- Ciupiți piper alb
- 5 picături colorant alimentar galben
- $\frac{1}{4}$ de cană de amidon de porumb amestecat cu $\frac{1}{2}$ cană de apă
- 3 oua, putin batute
- 1 ceapă, tocată

Directii:

a) Aduceți supa de pui la fiert într-o oală medie de supă. Se amestecă uleiul de susan, sare, zahăr și piper alb.
b) Apoi adăugați suspensia de amidon de porumb
c) Lasă supa să fiarbă câteva minute, apoi verifică dacă consistența este pe placul tău.
d) Puneți supa într-un bol, acoperiți cu ceai tocat, stropiți deasupra cu puțin ulei de susan și serviți!

86. Supă wonton simplă

Ingrediente:
- 10 oz. baby bok choy sau legumă verde similară
- 1 cană carne de porc măcinată
- 2½ linguri ulei de susan
- Ciupiți piper alb
- 1 lingura sos de soia condimentat
- ½ lingurita sare
- 1 lingură vin Shaoxing
- 1 pachet de piei wonton
- 6 cani de supa de pui bun
- 1 lingura ulei de susan
- Piper alb si sare dupa gust
- 1 ceapă, tocată

Directii:

a) Începeți prin a spăla bine legumele. Aduceți o oală mare cu apă la fiert și fierbeți legumele până când se ofilesc. Scurgeți și clătiți în apă rece. Luați o grămadă bună de legume și stoarceți cu grijă cât mai multă apă. Tocați foarte fin legumele (puteți grăbi procesul și aruncându-le în robotul de bucătărie).

b) Într-un castron mediu, adăugați legumele tocate mărunt, carnea de porc măcinată, uleiul de susan, piper alb, sosul de soia, sarea și vinul Shaoxing. Se amestecă foarte bine până când amestecul este complet emulsionat - aproape ca o pastă.

c) Acum este timpul să asamblați! Umpleți un vas mic cu apă. Luați un ambalaj și folosiți degetul pentru a umezi marginile ambalajului. Adăugați puțin peste o linguriță de umplutură la mijloc. Îndoiți ambalajul în jumătate și apăsați cele două părți împreună, astfel încât să obțineți o etanșare fermă.

d) Țineți cele două colțuri de jos ale micului dreptunghi pe care tocmai l-ați făcut și aduceți cele două colțuri împreună. Puteți folosi puțină apă pentru a vă asigura că se lipesc. Si asta e! Continuați să asamblați până când toată umplutura dispare. Așezați wonton-urile pe o foaie de copt sau pe o farfurie tapetată cu hârtie de copt pentru a nu se lipi.

e) În acest moment, puteți acoperi wonton-urile cu folie de plastic, puneți foaia/placa de copt în congelator și transferați-le în pungi Ziploc odată ce sunt înghețate. Se vor păstra câteva luni în congelator și vor fi gata pentru supa wonton oricând doriți.

f) Pentru a face supa, încălziți bulionul de pui la fiert și adăugați ulei de susan, piper alb și sare.

g) Aduceți o oală separată cu apă la fiert. Adăugați cu grijă wontonurile pe rând în oală. Amestecați pentru a preveni lipirea wonton-urilor de fund. Dacă se lipesc, nu vă faceți griji, ar trebui să vină libere odată ce sunt gătite. S-au terminat când plutesc. Aveți grijă să nu le gătiți prea mult.

h) Scoateți wonton-urile cu o lingură cu fantă și puneți-le în boluri. Se toarnă supa peste wontonuri și se ornează cu ceață tocată. Servi!

87. Supă cu picături de ouă

Ingrediente:
- 4 căni de supă de pui cu conținut scăzut de sodiu
- 2 felii de ghimbir proaspăt decojite
- 2 catei de usturoi, curatati de coaja
- 2 lingurite sos de soia usor
- 2 linguri amidon de porumb
- 3 linguri de apa
- 2 oua mari, batute usor
- 1 lingurita ulei de susan
- 2 cepți, feliați subțiri, pentru ornat

Directii:

a) Într-un wok sau o oală de supă, combinați bulionul, ghimbirul, usturoiul și soia ușoară și aduceți la fierbere. Reduceți la fiert și fierbeți timp de 5 minute. Scoateți și aruncați ghimbirul și usturoiul.

b) Într-un castron mic, amestecați amidonul de porumb și apa și amestecați amestecul în wok.

c) Reduceți focul la fiert. Înmuiați o furculiță în ouăle bătute și apoi trageți-o prin supă, amestecând ușor pe măsură ce mergeți. Se fierbe supa netulburată câteva clipe pentru a se întări ouăle. Se amestecă uleiul de susan și se pune supa în boluri de servire. Se ornează cu ceai.

88. Supă fierbinte și acră

Ingrediente:

- 4 uncii de porc dezosat, tăiat în fâșii de ¼ inch grosime
- 1 lingură sos de soia închis la culoare
- 4 ciuperci shiitake uscate
- 8 ciuperci uscate de urechi de copac
- 1½ linguriță amidon de porumb
- ¼ cană oțet de orez neasezonat
- 2 linguri sos de soia usor
- 2 lingurite de zahar
- 1 lingurita de ulei de chili prajit
- 1 lingurita piper alb macinat
- 2 linguri ulei vegetal
- 1 felie de ghimbir proaspăt curățată, cam de mărimea unui sfert
- Sare cușer
- 4 căni de supă de pui cu conținut scăzut de sodiu
- 4 uncii de tofu ferm, clătit și tăiat în fâșii de ¼ inch
- 1 ou mare, bătut ușor
- 2 cepți, feliați subțiri, pentru ornat

Directii:

a) Într-un castron, aruncați carnea de porc și soia închisă la culoare. Pus deoparte.

b) Puneți ambele ciuperci într-un vas termorezistent și acoperiți cu apă clocotită. Înmuiați ciupercile până se înmoaie, aproximativ 20 de minute. Turnați ¼ de cană de apă cu ciuperci într-o cană de măsurare de sticlă și lăsați deoparte. Scurgeți și aruncați restul de lichid. Tăiați ciupercile shiitake subțiri și tăiați ciupercile urechi de copac în bucăți mici. Puneți ambele ciuperci în bolul de înmuiat și lăsați deoparte.

c) Amestecați amidonul de porumb în lichidul de ciuperci rezervat până când amidonul de porumb s-a dizolvat. Se amestecă oțetul, soia ușoară, zahărul, uleiul de chili și piperul alb până când zahărul s-a dizolvat. Pus deoparte.

d) Încinge un wok la foc mediu-mare până când o picătură de apă sfârâie și se evaporă la contact. Turnați uleiul vegetal și amestecați pentru a acoperi baza wok-ului. Se condimentează uleiul adăugând ghimbir și un praf de sare. Lăsați ghimbirul să sfârâie în ulei timp de aproximativ 30 de secunde, rotind ușor.

e) Transferați carnea de porc în wok și prăjiți aproximativ 3 minute, până când carnea de porc nu mai este roz. Scoateți ghimbirul și aruncați-l. Adăugați bulionul și aduceți la fiert. Reduceți la fiert și amestecați ciupercile. Se amestecă tofu și se fierbe timp de 2 minute. Amestecați amestecul de amidon de porumb și readuceți focul la mediu-mare, amestecând până când supa se îngroașă, aproximativ 30 de secunde. Reduceți focul la fiert.

f) Înmuiați o furculiță în oul bătut și apoi trageți-o prin supă, amestecând ușor pe măsură ce mergeți.

89. Supă cu tăiței de vită

Ingrediente:

- ¾ de kilogram de mușchi de vită, tăiate subțiri peste bob
- 2 lingurite de bicarbonat de sodiu
- 4 linguri de vin de orez Shaoxing, împărțit
- 4 linguri sos de soia usor, impartite
- 2 lingurițe de amidon de porumb, împărțit
- 1 lingurita zahar
- Piper negru proaspăt măcinat
- 3 linguri ulei vegetal, împărțit
- 2 lingurițe de praf de cinci condimente chinezești
- 4 felii de ghimbir proaspăt decojite
- 2 căței de usturoi, curățați și zdrobiți
- 4 cesti supa de vita
- ½ kilogram de tăiței chinezești uscați (orice tip)
- 2 capete baby bok choy, sferturi
- 1 lingură Ulei de ceapă-ghimbir

Directii:

a) Într-un castron mic, amestecați carnea de vită cu bicarbonatul de sodiu și lăsați-o să stea timp de 5 minute. Clătiți carnea de vită și uscați-o cu prosoape de hârtie.

b) Într-un alt castron, amestecați carnea de vită cu vin de orez, soia ușoară, amidon de porumb, zahăr, sare și piper. Marinat.

c) Într-o cană de măsurare din sticlă, amestecați restul de 3 linguri de vin de orez, 3 linguri de soia ușoară și 1 linguriță de amidon de porumb și lăsați deoparte.

d) Încinge un wok la foc mediu-mare până când o picătură de apă sfârâie și se evaporă la contact. Turnați 2 linguri de ulei vegetal și amestecați pentru a acoperi baza wok-ului. Adăugați carnea de vită și pudra de cinci condimente și gătiți timp de 3 până la 4 minute, amestecând din când în când, până se rumenește ușor. Transferați carnea de vită într-un castron curat și lăsați deoparte.

e) Șterge wok-ul și pune-l la foc mediu. Adăugați 1 lingură rămasă de ulei vegetal și amestecați pentru a acoperi baza wok-ului. Adăugați ghimbirul, usturoiul și un praf de sare pentru a condimenta uleiul. Lăsați ghimbirul și usturoiul să sfârâie în ulei timp de aproximativ 10 secunde, învârtindu-le ușor.

f) Se toarnă amestecul de sos de soia și se aduce la fierbere. Se toarnă bulionul și se întoarce la fiert. Reduceți la foc mic și puneți carnea de vită înapoi în wok. Se fierbe timp de 10 minute.

g) Între timp, aduceți o oală mare cu apă la fiert la foc mare. Adăugați tăițeii și gătiți conform instrucțiunilor de pe pachet. Folosind un skimmer wok, scoateți tăițeii și scurgeți. Adăugați bok choy în apa clocotită și gătiți timp de 2 până la 3 minute, până când este verde strălucitor și fraged.

Scoateți bok choy și puneți-l într-un castron. Folosind cleștele, aruncați tăițeii cu uleiul de ceai verde-ghimbir pentru a acoperi. Împărțiți tăițeii și bok choy în boluri cu supă.

CONDIMENTE

90. Sos de fasole neagra

Ingrediente

- ½ cană fasole neagră fermentată, înmuiată
- 1 cană ulei vegetal, împărțit
- 1 șalotă mare, tocată fin
- 3 linguri de ghimbir proaspăt decojit și tocat
- 4 ceai, feliați subțiri
- 6 catei de usturoi, tocati marunt
- ½ cană de vin de orez Shaoxing

Directii:

a) Încinge un wok la foc mediu-mare. Turnați ¼ de cană de ulei și amestecați pentru a acoperi tigaia. Adaugati ceapa, ghimbirul, ceapa si usturoiul si se caleste timp de 1 minut sau pana cand amestecul se inmoaie.

b) Adăugați fasolea neagră și vinul de orez. Reduceți focul la mediu și gătiți timp de 3 până la 4 minute, până când amestecul scade la jumătate.

c) Transferați amestecul într-un recipient ermetic și răciți la temperatura camerei. Se toarnă ¾ de cană de ulei rămasă deasupra și se acoperă strâns. A se păstra la frigider până când este gata de utilizare.

d) Acest sos proaspăt de fasole se va păstra la frigider într-un recipient etanș până la o lună. Dacă doriți să-l păstrați mai mult timp, congelați-l în porții mai mici.

91. Ulei de ceapă-ghimbir

Ingrediente

- 1½ cani de ceapa taiata felii subtiri
- 1 lingură de ghimbir proaspăt decojit și tocat fin
- 1 lingurita sare kosher
- 1 cană ulei vegetal

Directii:

a) Într-un castron din sticlă termorezistentă sau din oțel inoxidabil, aruncați ceapa, ghimbirul și sarea. Pus deoparte.

b) Se toarnă uleiul într-un wok și se încălzește la foc mediu-mare, până când o bucată de ceai verde sfârâie imediat când este scăpată în ulei. Odată ce uleiul este fierbinte, scoateți wok-ul de pe foc și turnați cu grijă uleiul fierbinte peste ceapă și ghimbir. Amestecul ar trebui să sfârâie pe măsură ce turnați și face bule. Se toarnă uleiul încet, astfel încât să nu facă bule.

c) Lăsați amestecul să se răcească complet, aproximativ 20 de minute. Se amestecă, se transferă într-un borcan ermetic și se dă la frigider până la 2 săptămâni.

92. Sos XO

Ingrediente

- 2 căni de scoici mari uscate
- 20 de ardei iute roșu uscat, tulpinile îndepărtate
- 2 ardei iute roșii proaspeți, tocați grosier
- 2 salote, tocate grosier
- 2 catei de usturoi, tocati grosier
- ½ cană de creveți uscați
- 3 felii de bacon, tocate
- ½ cană ulei vegetal
- 1 lingura zahar brun inchis
- 2 lingurițe de praf de cinci condimente chinezești
- 2 linguri vin de orez Shaoxing

Directii:

a) Într-un castron mare de sticlă, puneți scoici și acoperiți cu apă clocotită cu un centimetru. Înmuiați timp de 10 minute sau până când scoicile sunt moi. Scurgeți toată apă cu excepția celor 2 linguri și acoperiți cu folie de plastic. Pune la microunde timp de 3 minute. Se lasa deoparte sa se raceasca putin. Folosind degetele, spargeți scoicile în bucăți mai mici, frecându-le împreună pentru a slăbi scoicile. Transferați într-un robot de bucătărie și pulsați de 10 până la 15 ori, sau până când scoicile sunt mărunțite fin. Transferați într-un bol și lăsați deoparte.

b) În robotul de bucătărie, combinați ardei iute uscat, ardei iute proaspăt, eșalotă și usturoi. Pulsați de mai multe ori până când amestecul formează o pastă și arată mărunt mărunt. Poate fi necesar să răzuiți părțile laterale pe măsură ce mergeți pentru a menține totul uniform ca mărime. Transferați amestecul în vasul de scoici și puneți deoparte.

c) Adaugati crevetii si baconul in robotul de bucatarie si preseaza de cateva ori pentru a toca fin.

d) Încinge un wok la foc mediu-mare. Se toarnă uleiul și se rotește pentru a acoperi tigaia. Adaugati crevetii si baconul si gatiti 1-2 minute, pana cand baconul se rumeneste si devine foarte crocant. Adăugați zahărul brun și praf de cinci condimente și gătiți încă 1 minut, până când zahărul brun se caramelizează.

e) Adăugați amestecul de scoici și chili-usturoi și gătiți încă 1 până la 2 minute, sau până când usturoiul începe să se caramelizeze. Turnați cu grijă vinul de orez pe părțile laterale ale wok-ului și gătiți încă 2 până la 3 minute, până se evaporă. Fiți atenți – în acest moment uleiul se poate stropi din vin.

f) Transferați sosul într-un bol și răciți. Odată răcit, separați sosul în borcane mai mici și acoperiți. Sosul XO se poate păstra la frigider până la 1 lună.

93. Ulei de chili prajit

Ingrediente

- ¼ cană fulgi de chili Sichuan
- 2 linguri de seminte de susan alb
- Pastaie de anason de 1 stea
- 1 baton de scortisoara
- 1 lingurita sare kosher
- 1 cană ulei vegetal

Directii:

a) Într-un bol de sticlă rezistent la căldură sau din oțel inoxidabil, combinați fulgii de chili, semințele de susan, anasonul, batonul de scorțișoară și sarea și amestecați. Pus deoparte.

b) Se toarnă uleiul într-un wok și se încălzește la foc mediu-mare, până când batonul de scorțișoară sfârâie imediat când este scufundat în ulei. Odată ce uleiul este fierbinte, scoateți wok-ul de pe foc și turnați cu grijă uleiul încins peste condimente. Amestecul ar trebui să sfârâie pe măsură ce turnați și face bule. Se toarnă uleiul încet, astfel încât să nu facă bule.

c) Lăsați amestecul să se răcească complet, aproximativ 20 de minute. Se amestecă, se transferă într-un borcan ermetic și se dă la frigider până la 4 săptămâni.

94. Sos de prune

Ingrediente

- 4 cesti de prune tocate grosier (aproximativ 1 ½ kg)
- ½ ceapă galbenă mică, tocată
- Feliie de ghimbir proaspăt de ½ inch, decojită
- 1 cățel de usturoi, curățat și zdrobit
- ½ cană apă
- ⅓ ceașcă de zahăr brun deschis
- ¼ cană oțet de mere
- ½ linguriță praf de cinci condimente chinezești
- Sare cușer

Directii:

a) Într-un wok, puneți la fiert prunele, ceapa, ghimbirul, usturoiul și apa la foc mediu-mare. Acoperiți, reduceți focul la mediu și fierbeți, amestecând din când în când, până când prunele și ceapa sunt fragede, aproximativ 20 de minute.

b) Transferați amestecul într-un blender sau robot de bucătărie și amestecați până la omogenizare. Întoarceți-vă în wok și adăugați zahărul, oțetul, praf de cinci condimente și un praf de sare.

c) Reduceți focul la mediu-mare și aduceți la fierbere, amestecând des. Reduceți focul la mic și fierbeți până când amestecul ajunge la consistența sosului de mere, aproximativ 30 de minute.

DESERTURI

95. Gustare cu fasole, morcov și castraveți

Dimensiunea porției: 3

Ingrediente:

- sos Worcestershire
- Arahide
- 2 morcovi
- ½ fasole yam
- Gelatina fara aroma
- Sos iute
- Suc de lămâie
- Arahide japoneze
- 1 castravete
- 6 lime

Metodă:

a) Rade morcovul, fasolea de igname și castraveții. Scurgeți totul bine.

b) Ungeți tava de copt cu ulei și turnați fasolea.

c) Se presară gelatină și felii de lămâie. Apăsați ferm.

d) Adăugați un strat de castraveți și morcovi cu același proces.

e) Acoperiți și congelați timp de 30 de minute.

f) Amestecați alte ingrediente pentru a face sosul.

g) Presărați arahide pentru decor.

96. Biscuiți chinezești cu migdale

Dimensiune porție: 30

Ingrediente:

- ½ lingurita de bicarbonat de sodiu
- 2 căni de făină
- ½ lingurita de praf de copt
- ¼ lingurita sare
- 2 ½ lingurițe extract de migdale
- 30 de migdale întregi
- ½ cană de scurtare
- ¾ cană zahăr alb
- 1 ou
- ½ cană de unt
- 1 ou batut

Metodă:

a) Încălzește cuptorul la 325°F.

b) Luați un castron mare și adăugați făină.

c) Adăugați sare și amestecați bine.

d) Adăugați bicarbonat de sodiu și praf de copt. Amesteca bine.

e) Într-un castron mic, bate untul, scurtarea și zahărul.

f) Adăugați migdalele și oul în amestecul de unt și amestecați bine.

g) Adăugați amestecul de făină și amestecați până la omogenizare.

h) Frământați aluatul și tăiați-l în două bucăți.

i) Se da la frigider pentru 2 ore.

j) Tăiați aluatul în 14 până la 15 bucăți pe lungime.

k) Ungeți tava pentru prăjituri și rulați fiecare bucată într-o mișcare rotundă.

l) Pune bile rotunde într-o tavă de prăjituri și adaugă migdale în centrul fiecărei bile.

m) Ungeți prăjiturile cu ou bătut folosind o perie.

n) Coaceți timp de 15 până la 20 de minute până când se rumenesc.

o) Scoateți și lăsați-l să se răcească. Se serveste cand este rece si crocante.

97. Nian Gao

Dimensiunea porției: 10

Ingrediente:

- 2 ½ căni de lapte
- O cutie de fasole roșie azuki
- 16 uncii de făină de orez dulce mochiko
- 1 până la 1 ¾ cană zahăr
- 1 lingura de bicarbonat de sodiu
- ½ cană de unt nesărat
- ¾ cană de ulei vegetal
- 3 ouă

Metodă:

a) Încinge cuptorul la 350°F.
b) Ungeți tava cu unt sau ulei folosind un spray sau o pensulă.
c) Amestecați toate ingredientele, cu excepția fasolei, într-un procesor și amestecați până la omogenizare.

d) Presărați făină mochiko pe tava de copt și adăugați jumătate din aluat.

e) Întindeți fasole deasupra și adăugați un alt strat de aluat rămas pe fasole.

f) Coaceți timp de 40 până la 45 de minute până când sunt fierte.

g) Verificați folosind o scobitoare dacă este bine copt.

h) Se serveste rece.

98. Opt comori cu budincă de orez

Dimensiunea porției: 8

Ingrediente:

Pentru orez

- 1 cană stafide negre
- 1 cană stafide galbene
- ¼ lingurita sare

Pentru Fructe

- Ulei neutru pentru acoperirea vasului
- 2 căni de orez glutinos
- 1 lingura ulei de floarea soarelui
- 1 cană cireșe glazurate cu zahăr
- 1 caisă uscată

Pentru Umplere

- 1 cană de semințe de lotus cu zahăr
- 100 grame pasta de fasole rosie

Pentru apa cu amidon

- 3 linguri de apa

- 2 lingurite amidon de cartofi

Pentru siropul de zahăr

- 1 lingura miere

- 1 lingura zahar

- ½ cană de apă

Metodă:

a) Luați un castron mare și puneți orez în el.

b) Adăugați apă rece și acoperiți timp de 1 oră.

c) Scurgeți și înmuiați orezul și gătiți la abur timp de 40 de minute în apă clocotită.

d) Adăugați ulei și sare. Se amestecă ușor pentru a preveni spargerea orezului.

e) Tăiați fructele în bucăți mici.

f) Luați un bol și ungeți cu ulei.

g) Adăugați fructe și un strat de orez. Apăsați ușor.

h) Adăugați pe ea pasta de fasole roșie și întindeți-o cu o lingură.

i) Puneți din nou stratul de orez și cireșe.

j) Puneți vasul în apă clocotită și fierbeți la abur timp de 30 de minute.

k) Luați un castron mic și amestecați ingredientele de apă din amidon de cartofi.

l) Se amestecă până se combină bine.

m) Puneti toate ingredientele siropului si aduceti la fiert. Adăugați apă cu amidon și fierbeți timp de 10 minute.

n) Scoateți vasul din apă și răsturnați-l în vas. Adăugați sirop de zahăr deasupra.

99. Desert chinezesc cu migdale flotante

Dimensiunea porției: 6

Ingrediente:

- 1 cană de apă rece
- 1 cutie de cocktail de fructe cu sirop
- 1 plic gelatina fara aroma
- 2 lingurite extract de migdale
- 1 cană lapte evaporat
- 4 linguri de zahar granulat
- 1 cană apă clocotită

Metodă:

a) Luați un castron mic și amestecați zahărul cu gelatina. Amesteca bine.

b) Adăugați apă clocotită în amestecul de gelatină și amestecați continuu până se dizolvă.

c) Adăugați extract de migdale, lapte și apă rece. Amesteca bine.

d) Așteptați până se răcește. Tăiați în bucăți și serviți cu fructe de conserve.

100. Cremă savuroasă cu ouă la abur

Ingrediente:

- 4 oua mari, la temperatura camerei
- 1¾ cană supă de pui cu conținut scăzut de sodiu sau apă filtrată
- 2 lingurițe de vin de orez Shaoxing
- ½ lingurita sare kosher
- 2 ceai, doar partea verde, feliați subțiri
- 4 lingurite ulei de susan

Directii:

a) Într-un castron mare, bateți ouăle. Adăugați bulionul și vinul de orez și amestecați pentru a se combina. Se strecoară amestecul de ouă printr-o sită cu plasă fină pusă peste o cană de măsurare a lichidului pentru a îndepărta bulele de aer. Turnați amestecul de ouă în 4 rame (6 uncii). Cu un cuțit de toaletă, sparge orice bule de pe suprafața amestecului de ouă. Acoperiți ramekinele cu folie de aluminiu.

b) Clătiți un coș de bambus pentru aburi și capacul acestuia sub apă rece și puneți-l în wok. Turnați 2 inci de apă sau până când ajunge deasupra marginii inferioare a vaporizatorului cu ¼ până la ½ inch, dar nu atât de mult încât să atingă partea de jos a coșului. Puneți ramekinele în coșul pentru aburi. Acoperiți cu capac.

c) Aduceți apa la fiert, apoi reduceți focul la foc mic. Se fierbe la abur la foc mic timp de aproximativ 10 minute sau până când ouăle sunt doar întărite.

d) Scoateți cu grijă ramekins-urile din cuptorul cu abur și ornați fiecare cremă cu niște ceai verde și câteva picături de ulei de susan. Serviți imediat.

CONCLUZIE

Mâncarea chinezească este foarte faimoasă și conține toată nutriția de care metabolismul și organismul le au nevoie pentru a rămâne sănătoase. În timp ce chinezii consumă, în medie, cu treizeci la sută mai multe calorii decât americanii și au aceleași modele de comportament, ei nu au probleme de obezitate. Acest lucru se datorează faptului că alimentele fără fructoză și vitamine sunt evitate în bucătăria chineză. Tehnicile de bază ale mâncărurilor chinezești sunt prăjirea, prăjirea, gătirea la abur, fierbere și prăjire. Mâncarea chinezească acasă este foarte diferită de mâncarea disponibilă la restaurante.

Există multe beneficii pentru sănătate ale consumului de alimente chinezești. Ajută la reglarea fluidelor corporale și la îmbunătățirea metabolismului. Astfel, mâncarea chinezească este renumită în America pentru aromele și stilurile sale de gătit. Vegetarienii, lacto-ovo-vegetarienii, budiștii, ovo-vegetarienii etc., toți pot mânca alimente chinezești datorită unei largi varietati de tehnici de gătit. Încercați aceste rețete diferite din China și bucurați-vă de bucătăria chinezească pe masa dumneavoastră.